F. JUVEN, Éditeur, PARIS

Félix Faure Intime

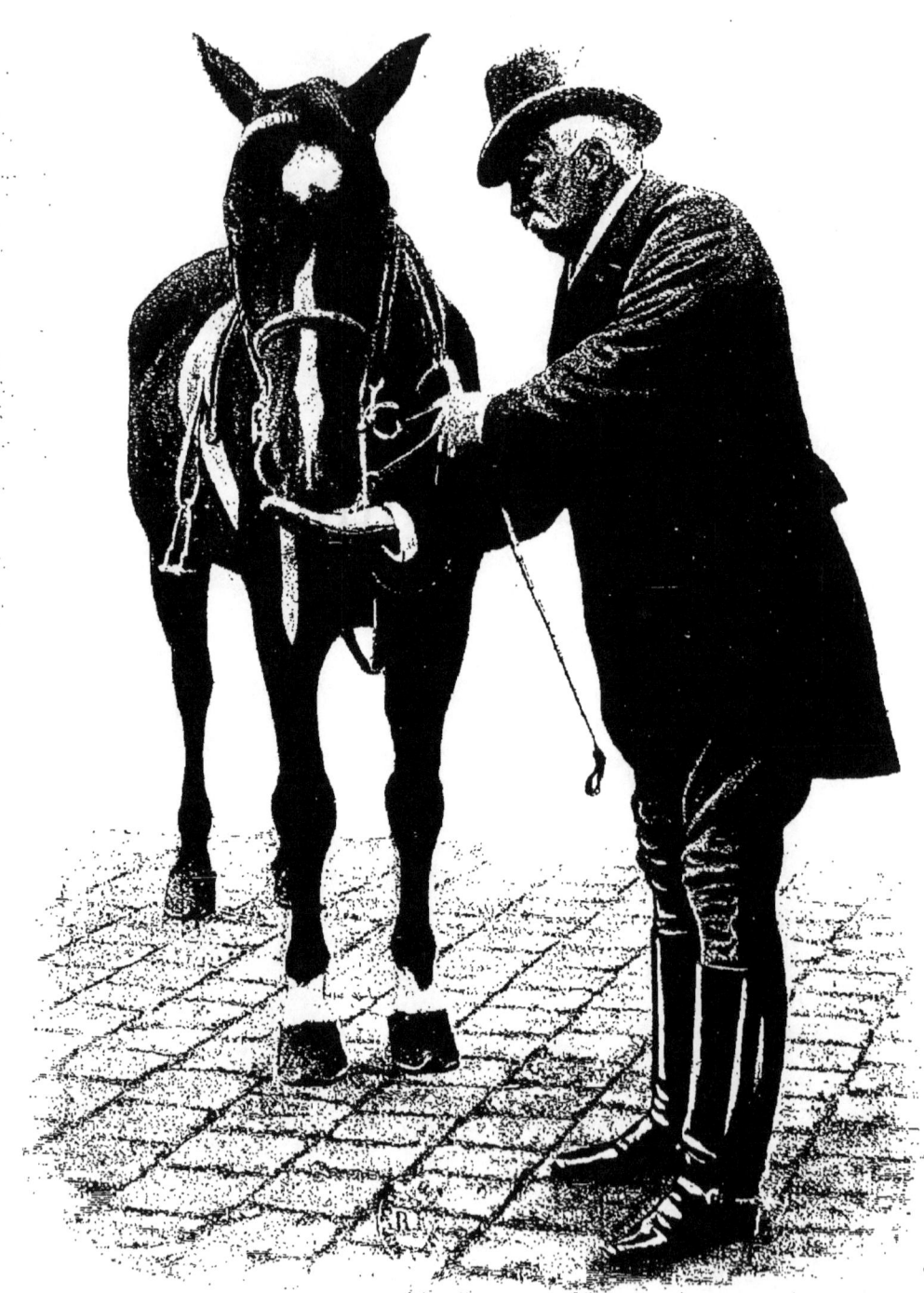

PAUL BLUYSEN

FÉLIX FAURE

Intime

Ouvrage illustré de très nombreuses gravures
d'après des originaux
et des documents photographiques

PARIS

F. JUVEN, ÉDITEUR

10, RUE SAINT-JOSEPH, 10

Tous droits réservés

IL A ÉTÉ TIRÉ DE CET OUVRAGE
DIX EXEMPLAIRES NUMÉROTÉS SUR JAPON IMPÉRIAL

FÉLIX FAURE INTIME

I

Silhouettes.

La première fois que M. Félix Faure prit contact avec la Presse, qui devait l'accompagner bien souvent dans la suite, ce fut au cours d'un voyage présidentiel de M. Carnot.

M. Carnot effectuait alors ce voyage de Corse qui fut l'un des plus étonnants et des plus gais. Par exemple, nous sommes quelques-uns à nous demander encore pourquoi on l'a fait, celui-là. Ou tout au moins, il nous a rendus fort sceptiques touchant l'utilité des tournées officielles, la fermeté et la fécondité des promesses présidentielles et ministérielles. Ainsi, il était entendu, à l'avance, que le Président visiterait la Corse pour se rendre compte, par lui-même, des moyens de défense de l'île, qui est considérée, dans le monde militaire, comme un point stratégique important et dont nous ne tirons pas assez parti. On devait s'y appuyer très solidement; cette île serait un centre de ravitaillement précieux, mais, dans l'état présent, elle est à la merci d'un coup de main. Et on pensait qu'à cet égard un coup d'œil du Président lui ferait du bien. Depuis lors, nous n'avons pas entendu dire que les choses aient changé et que la Corse soit défendue autrement que par sa faible garnison et le courage légendaire de ses habitants. De même, au point de vue industriel et commercial, on espérait quelques bienfaits du passage, à travers le pays, d'une véritable colonne de journalistes, de ministres et de députés qui, au retour, demanderaient routes, chemins de fer, travaux d'assèchement, etc. Ce n'était pas pour rien que tous ces gens éminents avaient hoché la tête à vingt reprises par jour, en disant d'un air entendu : « Ce qu'il vous faudrait ici, c'est une bonne voie... » Autant en emporte le vent qui balaye le dernier couac de la dernière fanfare. La Corse est toujours un pays charmant, mais on y voyage peu en chemin de fer et davantage à cheval, à la « va comme je te pousse », en zigzags !...

Pour ma part, au fond, j'ai toujours cru que ce voyage de Corse avait été entrepris pour donner à la Presse l'impression — très justifiée — que si Emmanuel Arène n'est pas empereur de son île, c'est parce que le chapeau haut de forme à huit reflets convient mieux que la couronne à son élégance parisienne. S'il voulait monter sur un trône restauré pour lui, là-bas, certes, il le pourrait, sans révolution. Pendant cette tournée, il « n'y en eut que pour lui », et s'il laissa quelques ovations aux autres, — aux continentaux, au Président, — c'est encore parce qu'il est bon prince. Il a assez de pouvoir personnel pour m'avoir procuré l'honneur, durant un exquis séjour dans sa maison familiale, de déjeuner en tête à tête avec un bandit. Celui-ci avait, à vrai dire, l'air d'un ouvrier terrassier de la plaine Saint-Denis qui, à table, tortille entre ses doigts sa casquette en poil de lapin et cherche instinctivement où il crachera, mais c'était un vrai bandit tout de même ; il avait abattu quelques gendarmes — et pourtant il avait passé inaperçu entre deux représentants de la force armée qui montaient une sorte de garde non loin de la porte du député ! — C'est qu'il allait chez M. Emmanuel.

Que faire contre lui ?

Et, sous la conduite d'Emmanuel, ces jours-là, j'ai également assisté à d'autres spectacles qui n'étaient pas moins suggestifs ; j'ai vu de braves femmes, tout de noir vêtues, comme elles le sont presque toutes, de ce noir qui leur donne un aspect uniforme de veuves et qui éloigne la moindre idée de galanterie ; je les ai vues se jeter à genoux devant notre groupe, et, après le signe de la croix, tendre au député un placet. Elles étaient relevées aussitôt avec beaucoup de cordialité, et recevaient l'assurance que leurs vœux identiques — l'obtention d'une place quelconque — seraient exaucés. Mais c'est égal, si l'on veut avoir une crâne idée de l'homme, qui a l'habitude de s'agenouiller devant la femme, c'est là qu'il convient d'aller la prendre, à condition, sans doute, d'avoir Emmanuel Arène pour cicerone.

M. Carnot, qui avait cette bonne fortune, connut ces joies et toute la Presse également. Je dis bien la Presse, avec une majuscule, parce qu'une autre caractéristique de ce voyage, fut qu'il n'y avait pas, derrière le Président, une simple troupe de journalistes en promenade : il y avait un corps d'état, un corps expéditionnaire, la Presse enfin, avec toute sa majesté et son indiscrète agitation.

Dieu me garde d'égratigner, même du bec de la plume, d'excellents confrères qui furent mes compagnons de route très aimables, et qui n'auraient pas demandé mieux que de travailler assidûment à transmettre, par télégraphe, les louanges du Président et de sa suite. Mais il se trouva que dès que la Presse eut mis le pied dans l'île, elle s'aperçut que ce pays béni ne possédait pour ainsi dire pas de relations télégraphiques avec le continent! Il existait un seul fil sous-méditerranéen ; on y avait tant bien que mal rattaché d'autres fils, mais à partir du point d'immersion, les dépêches s'accumulaient et étaient transmises avec un retard de quarante-huit heures! Ce que voyant, la Presse prit gaiement son parti d'un tel contretemps, et, laissant la parole au représentant de l'Agence Havas, M. Pognon, qui est le seul homme au monde sachant remettre sur pied l'improvisation d'un chef d'État, ladite Presse rentra ses crayons en poche, et affecta des allures de touriste officiel, dégagé des soucis professionnels de ce bas monde. Elle fut, dès lors, parfaitement heureuse ; Elle n'eut pas d'autres soucis que de conserver à peu près intacts le plastron de sa chemise et les revers de l'habit noir qu'Elle avait endossés à Marseille, — les valises de rechange étaient on ne savait où! — Puis, Elle but, mangea, étudia le pays, le goûta en artiste, donna son avis sur l'avenir économique de l'île ; bref, Elle devint, aux yeux de tous les habitants, un personnage des plus considérables, que l'on fêta d'une façon inconnue même dans l'ancienne Écosse...

C'est dans ces conditions que la Presse fit connaissance de M. Félix Faure.

Elle était devenue, visiblement, si importante, qu'on pouvait se demander, à certains instants, si ce n'était pas Elle qui visitait l'île, au lieu d'un simple Président. Elle faisait, à toutes les heures, des recrues! Les représentants de journaux étaient partis de Paris au nombre de trente-cinq environ; ils étaient cinquante à Marseille. A Ajaccio, un matin, on remarqua, sur le quai de la gare, qu'ils formaient une colonne de cent habits noirs! Précisément, comme d'habitude, M. Carnot les passait en revue. Il y manquait rarement; il avait l'affabilité simplette et le sourire réellement doux; il s'approchait toujours, à chaque départ, de ses compagnons de voyage et demandait de leurs nouvelles, des nouvelles du temps. S'il pleuvrait?... Ne l'avait-on pas surnommé méchamment La-Pluie-qui-préside?...

Il s'acquittait donc de ce devoir présidentiel, non des moindres, tout de bonne humeur, quand le bruit d'une altercation lointaine parvint jusqu'à lui. Il détacha un officier d'ordonnance qui, flanqué du syndic de la Presse (c'était M. Bertol-Graivil, aussi jovial que grave... et juste à l'occasion), se dirigea vers le théâtre de l'incident. Une rapide enquête fut faite : dans un groupe, un prêtre, paysan d'aspect, s'exprimait avec une volubilité tout italienne. Il avait voulu prendre place dans le wagon de la Presse, et celle-ci, tout d'un bloc, s'était révoltée. On interrogea le prêtre. « Qui êtes-vous, Monsieur l'abbé? — Je suis journaliste! — Ah! mais, quel journal représentez-vous? » reprit sévèrement M. Bertol-Graivil. Le *prettrino* cligna de l'œil et, malicieusement, répondit : « Le *Siècle!* » Un hourvari accueillit cette réplique trop audacieuse (si encore il avait représenté la *Croix!*) et on expulsa l'abbé, qui se réfugia dans le fourgon à bagages : il était le cousin du garde-frein.

Et la Presse reprit sa sérénité quotidienne. Or, quand l'officier d'ordonnance retourna auprès du Président pour lui exposer cette petite aventure comique, il passa tout auprès d'un gentleman et d'une dame qu'il salua avec une grande déférence. Ceux-là n'étaient pas de la Presse et n'en voulaient pas être, mais qui?... On s'informa.

Le gentleman, qui riait de l'incident tel que le lui contait l'officier d'ordonnance, était très grand, large d'épaules; il était vêtu d'un complet anglais de couleur; il portait un feutre tyrolien sur l'oreille; un monocle à cordon s'encastrait dans son orbite ou se balançait sur son gilet; il avait, enfin, des guêtres blanches! La dame était également de haute stature, la taille bien prise dans une redingote également anglaise, le feutre également tyrolien un peu incliné, la chevelure enveloppée d'une gaze bleue qui cachait ses traits.

Des globe-trotters?.... Un « parlementaire » renseigna tout le monde : « C'est M. Félix Faure et Mlle Félix Faure. » Et après? Cela n'en disait pas tout à fait assez. On compléta. M. Félix Faure, député du Havre, ancien sous-secrétaire d'État aux Colonies. De son métier « armateur ». Notez que l'on disait *armateur*, ce qui marque bien une nuance. « Tanneur » ou « négociant en cuirs » ne sonne pas mal, dans ce pays où l'épicerie aspire justement à la Légion d'honneur autant que l'ébénisterie, mais « armateur » a quelque chose de plus cossu, qu'il doit peut-être au temps lointain où ce personnage entreprenant était frotté d'exotisme, cultivait les lettres et collectionnait les bibelots, les curiosités des *sauvaiges*.

Donc, l'armateur Félix Faure et sa fille, Mlle Lucie, voyageaient, comme la Presse, avec elle, et ils avaient cette chance d'apprendre (leçon pour l'avenir) quel rôle elle tenait dans les préoccupations d'un chef d'État. Je crois qu'ils ne poussèrent pas plus loin cette expérience ce matin-là et qu'ils laissèrent la caravane auguste achever son excursion quotidienne; ils allèrent au gré de leur fantaisie, en dilettanti, avec quelques amis. Ils faisaient partie, en effet, d'un groupe de Parisiens qui prenaient, du voyage, seulement ce qu'il offrait d'amusant. Ils étaient embarqués, au nombre d'une cinquantaine, sur le *Duc-de-Bragance*, où le directeur de la Compagnie transatlantique les avait invités, et ils descendaient à terre à leur convenance, selon l'attrait des cérémonies, puis ils se réfugiaient à bord; mais, là encore, ils retrouvaient la Presse et c'était, de nouveau, l'occasion d'incidents parfois comiques. La Presse avait pris passage sur le *Duc-de-Bragance* sans bien savoir chez qui elle était : l'invitée du Président ou de M. Pereire? A sa louange, il faut dire qu'elle se montre, sur ce chapitre, très susceptible, et si ses promenades en corps ont un aspect trop majestueux parfois, elle témoigne aussi fréquemment un juste désir de conserver son indépendance et d'être traitée avec des égards parfaitement mesurés. Or, sur le *Bragance*, on avait eu la fâcheuse idée de lui réserver tout l'arrière du bateau et de lui donner table à part; l'avant était occupé par les autres Parisiens, qui semblaient ainsi des privilégiés, des voyageurs d'une caste supérieure.

Cela, les journalistes le supportèrent très mal, et, au lever de l'ancre, au premier déjeuner, ils le donnèrent à entendre assez haut. Les « gens » de la proue, leur semblait-il, regardaient de travers ceux de la poupe! On discuta, on parlementa, bref, l'animation croissant, il fallut qu'à la fin du repas M. Pereire parût, en personne, à la table de la Presse et l'assurât de toute sa sympathie et de ses regrets de ne l'avoir pas tout entière logée sur l'avant. Les relations n'en restèrent pas moins un peu froides entre les deux camps. Et, un peu plus tard, en vue de Monaco, le différend renaquit : le prince de Monaco avait envoyé un aide de camp à bord pour transmettre ses invitations. « Toutes pour l'avant », naturellement! Les journalistes étaient simplement admis à présenter leurs respects à Leurs Altesses et à perdre un louis à la noire et la rouge, sans plus. Ce fut un beau tapage! Et non sans raison, après tout. La Presse bouda l'Altesse avec un ensemble complet et si elle joua et perdit, ce fut « individuellement ». Toujours les nuances.

M. Félix Faure et Mlle Lucie Faure virent ceci et cela, assistèrent, de leurs cabines de luxe, à ces pourparlers et à ces révoltes. Ils durent penser, dès lors, que ces gaillards-là étaient insupportables. Dix ans plus tard, ils avaient à compter avec eux...

Nous les vîmes à terre, pendant les quatre ou cinq

Phot. Pirou.

M. Félix Faure,
Sous-secrétaire d'État au ministère des Colonies.

jours du voyage, à plusieurs reprises encore. Ils déambulaient rapidement, d'un pas léger de personnages parfaitement heureux de leurs loisirs, sans autre préoccupation que de regarder le bleu turquoise de la promenade des Sanguinaires, et de rechercher les innombrables souvenirs napoléoniens. Une après-midi, sur le Cours, leur incognito fut troublé par une de ces manifestations si originales dont la Corse est coutumière : ils virent, avec nous, en quoi consiste une ovation de « clients ». Emmanuel Arène parcourait à pied sa bonne ville ; quand il rencontrait un ami, après une poignée de main échangée, ou une embrassade, — car on s'embrasse à tout instant, — l'ami se rangeait derrière son député, et bientôt s'allongeait une interminable file de partisans qui faisaient cortège durant toute la promenade. De loin en loin, la cohorte s'arrêtait : le député adressait la parole à un personnage important, à M. Félix Faure, par exemple, qui cherchait vainement à s'effacer, et aussitôt les cris de « Vive Arène ! vive Faure ! » éclataient. Les premiers cris, peut-être, après ceux du Havre, les cris « familiers » ceux-ci... Encore un apprentissage ! Ma foi, M. Félix Faure saluait déjà fort bien et il avait sur les lèvres le sourire de circonstance, avec un peu plus de liberté et de fantaisie qu'aujourd'hui, un sourire d'homme politique et de voyageur très « chic », de *dandy*, pas de « gommeux »... C'est ainsi qu'en somme, il apparaissait.

Quelques mois après ce voyage de Corse, le directeur de la *République Française* me manda à son cabinet ; c'était M. Joseph Reinach ; grâce à une bienveillance dont tous ses collaborateurs ont conservé un reconnaissant souvenir, j'occupais alors dans son journal un peu les fonctions de maître Jacques; j'étais apprenti rédacteur politique, sous-secrétaire de rédaction, chroniqueur et critique d'art, c'est-à-dire que, nul de mes collaborateurs ne s'en souciant, nul n'étant moins occupé que moi, je visitais gravement les Salonets et Salons; avec la tranquille audace du jeune âge, je disais mon sentiment sur la peinture, la sculpture, la gravure; j'attribuais à l'un un « faire » délicat, à l'autre une patte étonnamment vigoureuse, et je concédais que le troisième enveloppait de tonalités chaudes les nacres éblouissantes des chairs féminines. C'est, malheureusement, ce que, dans la plupart des cas, on appelle « faire de la critique d'art ». Puisque « j'en faisais » et que, après tout, mes épithètes et mes formules en valaient bien d'autres, mon directeur me confiait avec bonté l'éloge de tous ceux de ses amis qui lui avaient demandé quelques lignes dans la *République*. Cette fois, il me tendit, non pas une carte d'exposition, mais un petit livre, et me dit : « Voici une très gentille œuvre d'un de vos confrères. Rendez-en compte aimablement; ce confrère est une jeune fille qui vous en saura gré. »

Je pris le livre ; c'était une brochure assez luxueusement imprimée, tirée à tout petit nombre chez un imprimeur du Havre; elle ne portait comme signature que ces trois lettres : L. F. F. Cent pages en tout ; elle contenait des impressions de voyage, en Italie, et notamment à Florence. Je suis certain que « l'ouvrage », si le mot n'est pas trop gros, n'a pas été réimprimé; il n'était d'ailleurs destiné qu'à des intimes. J'en fis l'éloge en trois cents lignes; il le méritait vraiment ; il contenait notamment, sur « Santa Maria dei Fiori », des aperçus doctes et originaux, dénotant des lectures variées et un goût artistique personnel. Le tout écrit en français clair, juste assez maniéré pour se distinguer nettement des impressions banales de jeune fille qui écrit à ses amies.

Quand je remis ma prose à mon directeur, il la trouva peut-être, à part soi, un peu longue et lourde, mais, avec un aimable sourire, il dit : « Faites composer ; vous allez ravir un excellent père de famille », et il me nomma M. Félix Faure ; l'auteur était Mlle Lucie Félix-Faure, notre compagne de voyage en Corse, qui, du maquis, avait passé en Italie avec son père, et avait achevé cette excursion en donnant l'attention la plus intelligente aux choses d'art qui se présentaient devant ses yeux.

Après la publication de l'article, je ne reçus pas le petit mot auquel les critiques sont habitués et qui n'a plus guère de prix à leurs yeux, sauf quand il est tracé, par exemple, par Mme de Martel. une amie de la famille Félix Faure, laquelle n'a garde de laisser passer l'impression d'un éloge pour Gyp, sans envoyer à l'écrivain une feuille de papier aristocratique, cachetée de cire blanche armoriée et où elle a tracé ses compliments en caractères cunéiformes hauts d'un centimètre... Au lieu du petit mot traditionnel, je reçus une invitation à dîner.

Rue de Madrid... M. Félix Faure habitait là un petit hôtel décoré d'une façon peu ordinaire ; dans le salon et le fumoir surtout, qui étaient au rez-de-chaussée, on trouvait quantité d'objets indo-chinois et indiens : bouddhas, soieries, statuettes dorées et multicolores, bronzes et laques nacrées qui rappelaient, soit le passage de M. Félix Faure au sous-secrétariat d'État aux Colonies, soit ses voyages en Perse, en Asie Mineure, en Égypte. Dans ce milieu d'aspect exotique et qui contrastait heureusement avec les faux Tanagra ou les faux bibelots Empire à la mode, l'accueil était tout à fait cordial, en même temps que le choix des invités semblait, selon un cliché connu, « bien parisien ». Il y avait là des peintres, peintres élégants surtout, des littérateurs, pas trop de politiciens, ni de conseillers d'État. Au dîner, j'eus l'extrême satisfaction de me voir placé à côté de l'auteur de la brochure sur Florence.

Ici, si j'étais un bon Dangeau, je ferais un portrait de mon aimable voisine et je cueillerais à son intention, dans mes souvenirs de critique d'art, un bouquet d'adjectifs point trop fanés. Mais ce ne serait pas digne de l'intelligence de Mlle Lucie Félix-Faure, qui n'éprouverait aucun plaisir à voir écrire qu'elle est exquise, ou qu'elle est toute gracieuse, ou qu'elle est « quelque chose de mieux ». Je me bornerai à me rappeler que son regard me parut extrêmement mobile, inquisiteur, habile, semblait-il, à démêler la vraie physionomie des hommes et des faits ; elle donnait l'impression d'une personne qui observe, qui réfléchit et qui a son franc parler, sans pruderie, comme sans pédantisme. Et, à cet égard, notre conversation à bâtons rompus fut très curieuse.

De la brochure sur Florence, pas un mot, comme il convenait, mais, après un très petit nombre de banalités obligatoires sur les voyages, s'engagea bientôt un entretien très amusant sur le monde de la peinture et des lettres.

A cet endroit, le malheureux critique d'art faillit bientôt perdre pied et ne s'avança plus qu'avec une prudence extrême. Mlle Lucie Faure n'avait pas seulement, comme on dit, des « clartés » de tout, faites de bribes des journaux du matin ; elle montrait, par ses propos, qu'elle avait énormément lu, connu et retenu, et cela en tous les genres. Son admiration était prodigieusement éclectique ; elle allait des poètes et des peintres symbolistes aux dernières pièces de la Comédie-Française, du Sâr Péladan et de M. de Larmandie, un ami de la maison, à MM. Coquelin et Mounet-Sully. C'était une admiration bien nuancée, démêlant les originalités d'avec les pitreries et riant en toute franchise du bric-à-brac de la Rose†Croix, tout en s'efforçant d'y signaler un effort « d'âme inquiète » vers l'idéal. Puis, je ne sais comment, l'entretien s'étant égaré vers les questions religieuses, Mlle Lucie Faure avoua très simplement que, de tous les Pères de l'Église, elle préférait saint Augustin dans ses *Confessions;* elle reconnaissait, en outre, un grand attrait à la lecture de la *Somme* de saint Thomas d'Aquin.

Les Confessions! Saint Thomas d'Aquin! Le critique d'art, surpris, effrayé, laissa glisser sa serviette et réfléchit qu'avant de se risquer à faire l'éloge de telles jeunes filles modernes, les critiques d'art de son espèce feraient bien de compléter leur éducation religieuse ; il tourna avec prudence la conversation sur le prochain Salon.

Quinze jours s'étaient écoulés depuis cette controverse

sur les Pères de l'Église. Après un déjeuner sur les boulevards, il faisait si beau, et les fiacres découverts étaient si tentants, avec leur drap tout propre et leur vernis luisant, que j'en hélai un au hasard et, m'étalant sur les coussins, je réfléchis qu'un but de promenade printanière tout indiqué était le petit hôtel de la rue de Madrid, où je déposerais une carte. Je roulai une cigarette et, l'adresse donnée, je sonnai bientôt à la porte de M. Félix Faure; j'avais encore ma cigarette, avec ma canne, dans la main gauche; dans la droite, un carton corné que j'avais préparé en pensant qu'à cette époque de l'année Mme Félix Faure ne recevait plus. La porte s'ouvrit brusquement toute grande, et je me trouvai en face de Mlle Lucie Faure qui descendait un escalier et allait entrer au salon. Je demeurai dix secondes abasourdi, tendant machinalement mon carton, et ne sachant que dire; un éclair moqueur passa dans les yeux gris-bleu de Mlle Lucie Faure, qui avait toisé des pieds à la tête mon costume de boulevardier à grands carreaux, et qui ne pouvait s'empêcher de trouver plaisante la mésaventure de ce bon journaliste pris au piège mondain. Elle me tira tout de suite d'embarras avec beaucoup de bonhomie en me disant : « Ma mère ne reçoit pas, Monsieur, mais elle est, par hasard, au salon. » Et je dus, dissimulant mon carton, plus embarrassé que jamais de ma canne et de mon canotier, entrer dans la pièce voisine, où Mme Félix Faure tenait conversation avec deux personnes. Ce furent cinq ou six minutes embarrassantes, mais pendant lesquelles, heureusement, Mme Félix Faure et sa fille s'ingénièrent à dissimuler mon supplice. Mme Félix Faure, assez forte, au visage calme, aux gestes rares, avec des airs de bourgeoise très cossue, parla sur un ton très doux, avec une voix presque maternelle, des Parisiens qui s'en vont à

Mme Félix Faure.

Phot. Boyer.

la campagne, des obligations mondaines que les beaux jours suspendent, des théâtres qui ferment et des vacances toutes prochaines. Sa fille la seconda dans cette œuvre de charité, et quand le singulier visiteur que j'étais se retira, toujours empêtré de son carton et de sa canne, il

Mlle Lucie Faure.   Phot. Boyer.

murmura : « Ce sont tout de même de braves gens. »
Je ne les ai plus revus depuis, par ma faute ; mais on m'a dit qu'ils n'avaient pas changé.

II

L'Élection.

On ne diminuera en rien les mérites de notre Président en disant qu'au mois de janvier 1896, il n'avait, dans la course vers l'Élysée, que les chances d'un « outsider ». — Un homme de sport, au surplus, ne peut se fâcher d'une telle comparaison. Elle est juste. Il faut se reporter au détail de cette singulière crise pour comprendre que le succès de M. Félix Faure fut une surprise, — longtemps inexpliquée et qui s'explique, pourtant, par la révélation de certains de ces petits « dessous » qui marquent toujours l'ensemble de grands événements.

C'est un article de journal — une série d'articles plutôt — du *Chambard*, une feuille dite « satirique », rédigée par M. Gérault-Richard, qui avait déterminé la retraite de M. Casimir-Perier, écœuré de n'être pas mieux défendu contre les insultes.

C'est un article de journal, mais un article d'éloges strictement mesurés, un article du *Journal des Débats*, qui assura l'élection de M. Félix Faure.

La démission de M. Casimir-Perier avait plongé le monde parlementaire dans la stupeur, puis dans l'indignation. Les mots les plus sévères, les appréciations les plus dédaigneuses, se trouvaient dans toutes les bouches ou sous toutes les plumes. On rencontrait dans les rues des Joseph Prudhomme qui, hochant la tête, déclaraient que, pas plus qu'un soldat sa faction, un Président ne doit déserter le poste d'honneur où « l'a appelé la confiance du pays, Monsieur ». Et, aux extrêmes du parti, on parlait couramment de lâcheté !

Pauvre M. Casimir-Perier, qui a laissé ronchonner Prudhomme, qui a laissé couler ce torrent de fureur subitement déchaîné — et qui, pourtant, ne méritait guère tant d'excitation ! Il n'a fait entendre qu'une parole un peu amère, d'une amertume très digne et très haute, au sujet de ces événements, et c'est tout récemment qu'il l'a prononcée. Il sortait, ces jours derniers, de la Cour d'assises, où il avait déposé avec une simplicité de ton et d'allure qui avait produit la plus forte impression ; il s'était présenté comme un bon citoyen, comme un citoyen — tout court, il n'aime pas les phrases — « à la disposition de la justice ». Et l'auditoire avait éclaté en bravos.

A la sortie, un ami rejoignit l'ex-Président et le félicita de cette ovation. « C'est, répondit M. Casimir-Perier, avec un sourire demi-las, demi-attristé, la première fois que cela m'arrive ! »

Et, en effet, pendant les six mois de sa Présidence, le peuple de Paris ne l'avait pas gâté ! On lui avait fait, d'emblée, une de ces impopularités qui reposent sur des niaiseries. Il avait pourtant, dès ses débuts, donné la mesure de son courage personnel ; malgré les conseils de son entourage, qui avait quelques bonnes raisons, après le crime de Caserio, de craindre pour sa vie, il avait tenu à suivre lui-même le cercueil de M. Carnot et il avait traversé tout Paris, tête nue, en habit, exposé peut-être aux attentats. Il avait accompli cet acte de bravoure sans bravade, parce qu'il estimait que tel était son devoir. Mais on ne lui en avait pas tenu compte. Des remarques niaises ou désobligeantes d'abord, puis cruelles, l'avaient bientôt assailli. N'avait-on pas discuté longuement sur le point de savoir s'il convenait qu'un Président de la République continuât à porter des cols de chemise rabattus, qui ne sont point d'un aspect assez décoratif, assez « sérieux » ? Il faut des cols droits et roides à notre démocratie talons rouges ! Puis, on avait imprimé qu'il avait donné l'ordre de hausser les caisses des landaus, dans ses voyages, de telle façon qu'un assassin ne pût l'approcher, lui qui, certes, n'a jamais tremblé devant la mort; il l'a prouvé en 1870. Enfin, on avait trouvé, et c'est une grande faiblesse, toujours en démocratie, le moyen de le ridiculiser encore en le représentant avec le visage d'un chat fâché ou d'un dogue aux poils rudes, tombant en moustaches. La démocratie s'égaye de ces caricatures faciles et ne pardonne pas à qui en est l'objet. M. Casimir-Perier, en deux mois, était devenu, disait-on, antipathique aux masses !

En outre, de cent autres manières, le Président était soumis à de rudes épreuves. On scrutait méchamment sa vie privée. (Le surlendemain de sa démission seulement, la nouvelle, mise partout en circulation, de son divorce était démentie !) On le montrait habitué à courir librement par la ville et ne s'astreignant pas à supporter la surveillance que son préfet de police faisait exercer sur lui... Bref on le torturait avec des procédés de sauvages qui dégustent le lent supplice de leur victime. Nul ne le défendait. Était-ce possible ? Était-ce utile ? Peut-être. Mais il ne demandait rien à la Presse.

D'autre part, la situation politique du Président n'était pas meilleure, pas plus « gaie ». Il avait commis cette faute, qui est la preuve de son désintéressement, de garder auprès de lui, au pouvoir, M. Charles Dupuy, qui avait été son concurrent et qui (on ne peut trop attendre de la générosité humaine) ne lui avait pas tout à fait pardonné son échec. Les relations entre ministres et Président étaient cordiales, en apparence, mais au fond elles étaient aigres, d'une aigreur déçue. En chaque séance du conseil cet état d'esprit se traduisait par des dissentiments. L'attelage du fameux char allait à hue et à dia.

On sait ce qui se produisit : M. Casimir-Perier redevint « libre citoyen » et put continuer à porter très tranquillement ses cols de chemise rabattus. Il en est plus à l'aise.

C'est dans ces conditions tout anormales que s'ouvrit le Congrès de Versailles. Il s'agissait de remplacer un homme qui « en avait assez ». Les candidats, naturellement, ne manquaient pas. Tout le premier, M. Brisson. En sa faveur, les journaux radicaux laissaient entendre qu'il n'était pas aussi funèbre que le fait croire le hululement de sa voix caverneuse, du haut du fauteuil. Il saurait rendre l'Élysée gai (« ohé, ohé », grognait M. Ferny au Chat-Noir) et il ne déplairait pas trop à la Russie, dont on se préoccupait déjà. Il savait faire visite comme un autre. Et on était garanti par la « sûreté de ses principes » contre des coups de tête ou des fantaisies d'enfant volontaire.

Venait ensuite M. Waldeck-Rousseau, candidat d'une partie des républicains dits de gouvernement. Admirable talent, belle tenue de vie publique et privée, goûts artistiques, représentation élégante et discrète : un Président athénien...

Et enfin, tout d'un coup, M. Félix Faure, ministre de la Marine, candidat de l'autre fraction des républicains. Celui-là réunissait à peu près, à l'exception des dons oratoires de M. Waldeck-Rousseau, les qualités proclamées par leurs amis chez les deux autres... mais il n'était pas très connu, quoiqu'il appartînt depuis très longtemps au Parlement, c'est-à-dire qu'il s'était tenu à l'écart des intrigues de couloirs, en général, et il fallait un grand effort pour l'amener au but.

Cet effort, ce fut le *Journal des Débats* qui le donna.

Les renseignements recueillis çà et là, la veille du Congrès, les calculs de voix, indiquaient que les suffrages du centre, au Sénat et à la Chambre, détermineraient, au second tour, la majorité. Ces suffrages, le *Journal des Débats* pouvait les amener, car l'action parlementaire du doyen de la presse républicaine est, en ces circonstances graves, efficace.

Mais qui le *Journal des Débats* recommanderait-il ? On

Habitation de M. Félix Faure, rue de Madrid.

en délibéra le soir à la rédaction, et ce fut une scène historique curieuse.

Dans la grande salle, reproduite par le tableau de Jean

Phot. Boyer.

M. Félix Faure, dans son jardin au Havre.

Béraud, où ont causé et travaillé les Bertin, les Prévost-Paradol, les Weiss, une salle toujours un peu sombre, solennelle, régnait une animation extraordinaire. A cette heure tardive où, d'habitude, le secrétaire de rédaction n'avait pour compagnons — à travers les vitres — que les gargouilles à tête humaine de Saint-Germain-l'Auxerrois, une quarantaine de personnes étaient réunies. Un va-et-vient continuel se faisait; des députés, des sénateurs, que l'on ne revit jamais, entraient, discutaient, sentant bien qu'il y avait une force secrète dans le *leader* article qui allait se faire. Les rédacteurs littéraires eux-mêmes étaient présents et se passionnaient. On discutait les titres des candidats, bruyamment... Waldeck-Rousseau? Félix Faure? Le directeur du *Journal des Débats*, M. Patinot, était malade, alors ; il ne pouvait imposer, en quelques mots, tout d'un coup, ses vues toujours promptes sur la question du jour. La réunion tournait en parlotte, en conférence privée. On allait se séparer sans résolution, quand un député entra : il s'assit sur le bras d'un fauteuil et prononça pour M. Waldeck-Rousseau un vrai discours de parlementaire, avec des phrases émues sur la « situation » qui exigeait un « combatif », sur le pays qui attendait la fin des scandales toujours réveillés (le Panama grésillait sous la cendre). Le discours était véhément, sans doute, mais, dans ce milieu, il produisit un tout autre effet qu'en réunion publique; il glaça tout le monde; il s'acheva dans le silence. On se regarda, on se sépara : il était minuit. Demeurèrent seuls le secrétaire de rédaction et le principal rédacteur politique qui remplaçait M. Patinot; celui-ci ne dit que ces mots : « Vous ferez faire des bulletins au nom de M. Félix Faure, et vous les enverrez à Versailles. Je vais vous donner l'article. » Et, une demi-heure plus tard, il faisait remettre à la composition les lignes suivantes :

Trois noms sont en présence.
L'un de ces noms est celui de M. Brisson. Sur celui-là il ne peut subsister aucun doute, aucune hésitation dans l'esprit des hommes de gouvernement, M. Brisson est le candidat radical. Il vient d'être porté au fauteuil de la Chambre, à deux reprises, par une coalition radicale et socialiste, dont les plus violents révolutionnaires formaient l'appoint. En 1893, il a associé sa signature, pour protester contre la fermeture de la Bourse du Travail, à celles des partisans de la Commune. Son avènement à la Présidence serait considéré partout, à juste titre, comme un nouveau triomphe de ceux qui travaillent, par les moyens que l'on sait, à détruire la Constitution, l'ordre public, les bases mêmes de la société. Aucun modéré, aucun libéral ne votera pour lui.
Les deux autres noms sont ceux de M. Félix Faure et de M. Waldeck-Rousseau. On verra plus loin leurs titres. Entre eux, l'hésitation serait permise. Mais notre choix est fait, et nous allons expliquer pourquoi. Les rares qualités de M. Waldeck-Rousseau, sa merveilleuse éloquence, la lucidité de sa parole, font de lui, avant tout, un homme de tribune. Sa place est plutôt au banc du gouvernement, en face de l'opposition, au plus fort de la mêlée parlementaire, que dans une fonction dont le titulaire doit, d'après la Constitution qui nous régit, *être un homme de conseil et rester muet*. Voilà pourquoi, aujourd'hui qu'il s'agit de nommer le chef de l'État, nos préférences sont acquises à M. Félix Faure, et pourquoi nous serions heureux d'applaudir à son élection.
Cela dit, — et nous tenions à le dire, — nous nous empressons d'ajouter que celui des deux candidats modérés qui paraîtra, au moment du scrutin, devoir réunir les plus grandes chances de succès, sera celui sur lequel devront se porter les bulletins de nos amis. Les différences de détail qui existent entre eux deux sont, après tout, secondaires. L'essentiel, ce qu'il faut obtenir à tout prix, c'est que, dans la crise si grave où nous sommes, le malheur de l'élection d'un Président de la République appuyé par les socialistes soit épargné à ce pays.

Le lendemain, à Versailles, ces lignes portaient fruit : « L'homme de conseil » l'emportait sur « l'homme de tribune » : M. Félix Faure distançait, au premier tour, M. Waldeck-Rousseau : il avait eu les suffrages du centre gauche, grâce au *Journal des Débats* qui avait feint de prendre au sérieux cette combativité attribuée, bien à tort, à M. Waldeck-Rousseau, et qui, conscient d'autres dangers, l'avait appliquée... à l'opposition, au lieu de l'appliquer à l'exercice d'un pouvoir supérieur, pouvoir serein et conciliateur...

L'élection, cependant, n'alla point toute seule. La séance du Congrès de Versailles fut assez chaude. Elle fut présidée admirablement, avec un réel sang-froid, par M. Challemel-Lacour, dont la dignité hautaine décourageait les manifestants; sans quoi, elle eût été marquée par des scènes violentes. On en vit quelques timides essais. Des partisans de M. Brisson, très confiants avant et pendant le déjeuner de l'Hôtel des Réservoirs, s'exaspérèrent au fur et à mesure que les chances de leur candidat diminuaient, après le désistement de M. Waldeck-Rousseau en faveur de M. Félix Faure. Il y eut autour de la tribune et à la tribune même quelques incidents dont le président, immobile, le visage sévère avec sa barbe argentée d'ancêtre, semblait ne pas daigner avoir connaissance.

La cérémonie du vote, dans ces congrès, est fort curieuse : on vote par lettres alphabétiques et des pancartes sont apposées et changées au long de la tribune pour indiquer la lettre qui va voter. Cela rappelle les numéros de café-concert qui annoncent une nouvelle « diseuse ». Certains votants ne purent se résigner à déposer tranquillement leur bulletin dans l'urne; ils poussèrent une exclamation selon leur goût, en accomplissant cet acte qui paraît, pourtant, ne pas fournir matière à de bien grandes démonstrations d'audace individuelle. Mais chacun a l'audace qu'il peut, et, cette fois, celle des différents manifestants se résuma en divers cris au sujet desquels on peut se demander de nouveau à quelles extrémités le désir de se faire remarquer conduit la bête humaine. Que penser, par exemple, de ce M. d'Hugues qui, en votant, s'exclama : « A bas les voleurs! » Et de M. Baudry-d'Asson qui hurla : « Vive la France catholique! vive le Roi! » Puis, de temps à autre, des voix grondaient, du côté de l'extrême gauche : on réclamait M. Mirman, le député-chasseur à pied à qui l'autorité militaire n'avait pas donné de permission; on réclamait M. Gérault-Richard qui était en prison, et des inconnus, qui croyaient jouer, pour l'histoire, les grands hommes de la Montagne, glapissaient : « Vous êtes pis qu'au Deux-Décembre! » Enfin, des socialistes aboyaient qu'ils s'abstenaient et invectivaient le président, qu'ils traitaient de « vieux filou, vendu, dégonflé, ancien communard... Vive la sociale! »

Mais M. Challemel-Lacour continuait de négliger, comme Neptune les petites vagues, ces turbulences qui restaient sans effet, et à 4 h. 10 il proclamait M. Félix Faure élu par 430 voix contre 361 à M. Brisson, puis il levait la séance sans permettre qu'on profitât de l'occasion d'une réunion à Versailles pour agiter la revision, cette casserole que chaque radical-socialiste traîne derrière soi... « Vive la sociale! Vive M. Brisson! » Trop tard le tonnerre!...

M. Félix Faure, se trouvait, pendant le scrutin, dans un des salons attenants. Il n'avait avec lui que deux ou trois amis intimes. Quand la porte s'est ouverte et qu'une voix triomphante l'a nommé : « Monsieur le Président », il a certainement éprouvé une vive émotion, mais il ne l'a point laissé beaucoup paraître, et les reporters n'ont point enregistré une de ces scènes, dites historiques, un peu sentimentales, qui furent contées à propos d'élections précédentes. Se souvient-on des pleurs que versa, malgré son énergie, M. Casimir-Perier? qui semblait recevoir un calice, et c'était vrai. Se souvient-on de l'entretien attendri entre M. Carnot et son père, des félicitations, de l'allégresse du bon vieillard, de ses embrassements tendres? Pour M. Félix Faure, rien de pareil. Quelques embrassades peut-être, — plutôt de vigoureuses poignées de mains, le *shake hand* anglais qui, dans sa vigueur sèche, révèle une âme fortement trempée, prête joyeusement mais résolument au devoir. Puis, aussitôt, les compliments officiels : lecture du procès-verbal de la séance, allocution de M. Charles Dupuy et de M. Challemel-Lacour, qui exprima l'espoir « que la nouvelle Présidence assurerait le rapprochement de tous les hommes de paix et de bon sens, le triomphe des idées de solidarité et de liberté »; — courte réplique de M. Félix Faure, tout à fait maître de soi, — et enfin entrée du flot des sénateurs et des députés. Combien accouraient là, main tendue, visage souriant, lèvres mielleuses, qui avaient mis dans l'urne un bulletin au nom des concurrents, mais qui se rapprochaient du soleil levant! M. Félix Faure les accueillait tous avec une égale bonne grâce, et bientôt, d'une voix ferme, il prononça l'allocution suivante :

> Je suis ému, au delà de toute expression, du grand honneur que l'Assemblée nationale vient de me faire.
> La haute mission dont vous m'avez investi, je ne l'ai pas recherchée ; j'en accepte néanmoins la charge avec une profonde reconnaissance et avec le sentiment des devoirs qu'elle m'impose. Vous me connaissez, vous ne doutez pas que j'apporte à l'accomplissement de ma lourde tâche toute mon énergie et tout mon dévouement.
> Je cesse dès à présent d'appartenir à un parti pour devenir l'arbitre entre tous. C'est dans cet esprit que je fais appel, sans distinction d'opinions républicaines, au concours de tous les représentants de la nation.
> Nous nous rencontrerons toujours dans un effort commun qu'inspireront l'amour de la Patrie, le dévouement à la République, le souci de la justice et la préoccupation du sort de tous nos concitoyens, surtout des petits et des humbles.

M. Félix Faure disait vrai en affirmant qu'il n'avait pas « recherché cette haute mission » : il n'avait point posé en personne sa candidature. La veille seulement, le mercredi, vers 3 heures, il avait appris, au Ministère de la Marine, que son nom était prononcé à la Chambre et que le parti modéré paraissait s'y rallier : il avait fait savoir alors que, tout en ne posant aucune candidature, il était prêt à céder aux sollicitations de ses amis, si l'intérêt du parti l'exigeait, puis il n'avait pas cru devoir se rendre à la Chambre et il avait passé tout le reste de l'après-midi au Bois.

Cependant, un groupe d'hommes politiques s'était

rendu au Ministère de la Marine, et, en l'absence de M. Félix Faure, avait annoncé son retour pour 9 heures du soir. C'est dans cette réunion, à laquelle assistaient, entre autres, MM. Trarieux, Krantz, Delpech, Lourties, Delaunay, de Lasteyrie, Fleury-Ravarin, qu'il avait été reconnu que les circonstances exigeaient que M. Félix Faure posât franchement sa candidature ; mais, avant de se rendre aux démarches personnelles de ses amis, le ministre de la Marine avait voulu être assuré que M. Dupuy ne se présenterait pas. M. Lourties s'était rendu place Beauvau, et était revenu bientôt, assurant que non seulement le président du conseil n'était pas candidat, mais qu'il se ralliait pleinement à la candidature de son collègue, « heureux, disait-il, si, à la romaine, il pouvait, le lendemain, l'appeler *Félix* ».

Et ce souhait, sincère cette fois, s'était réalisé comme on l'a vu.

Cependant, les dernières poignées de main échangées, le Président n'avait plus rien à faire à Versailles, qui allait retomber dans sa somnolence de nécropole. On organisa le retour à Paris. Tout était bien préparé cette fois. Pour M. Casimir-Perier, au dernier moment, on s'était aperçu que la voiture destinée au Président était une abominable calèche poussiéreuse, extraite d'un garde-meuble provincial, et on avait dû lui donner, comme remplaçante, un landau quelconque. Dès le début, la Présidence de M. Félix Faure ne devait pas connaître ces malechances. Ce devait être — et c'est — une Présidence correcte où le hasard n'exerce point sa maligne influence... Le cortège prési-

Phot. Letrouvé et Lalouette.

M. Félix Faure, commandant des mobiles de la Seine-Inférieure.

dentiel est tout prêt : il est 8 heures ; un landau attelé de quatre chevaux d'artillerie attend dans la cour d'honneur du Palais, entouré de deux escadrons de dragons. La nuit est profondément noire ; un brouillard tombe sur un dôme de parapluies. La foule est cependant assez considérable et très calme ; à l'apparition du Président, des cris de : « Vive la République ! vive Faure ! vive Félix Faure !... » — des cris : « Vive Brisson ! » se font entendre. Le Président monte en voiture avec le président du Conseil et les colonels commandant au Sénat et à la Chambre ; et il répond amicalement aux vivats par des saluts qui ne sont point gauches et qui, encore, le montrent très en possession de son naturel. A 8 h. 15, il prend place, avec M. Ch. Dupuy et d'autres ministres, dans un train spécial, et à 9 heures, en descendant dans la gare Saint-Lazare, il accomplit son premier acte de Président généreux : il fait remettre incontinent 500 francs aux employés du train. Il n'y a pas de petits moyens et la « popularité » est, en partie, ainsi faite...

Autour de la gare Saint-Lazare, on remarquait le déploiement habituel des troupes et des gardiens de la paix. Le public n'était ni énervé, ni bruyant. Il connaissait l'élection depuis 6 heures, par les éditions spéciales des journaux, et il l'avait accueillie avec bon sens comme une transmission régulière de pouvoir, comme le présage d'une période de tranquillité et de bonne « marche des affaires ». Quand, après les saluts échangés sur le quai de la gare, M. Félix Faure monta dans la voiture qui devait le conduire à l'Élysée, on n'entendit que peu de cris. Aussi bien on ne savait encore que crier : « Vive Félix Faure ! vive Faure ! ou vive Félisque Faure ! » comme clamaient les gamins. Il fallait « s'y habituer »... Cela s'est fait... Le cortège prit donc, sans encombre, la route de l'Élysée : la capote du landau avait été rabattue et on apercevait très distinctement la belle prestance, la figure avenante du nouveau Président qui continuait à saluer. « Vive le Président ! vive le Président ! » Les clameurs grossissaient, chemin faisant, jusqu'au Palais. Là, M. Félix Faure fut reçu par M. Casimir-Perier, avec lequel il eut un entretien d'une dizaine de minutes, et, à minuit enfin, il revenait au Ministère de la Marine, où l'attendaient, avec ses amis personnels, Mme Faure, Mlle Lucie Faure, son gendre et sa seconde fille, M. et Mme Berge.

Selon le mot de M. Charles Dupuy, il était *Félix*.

III

A travers la Presse.

Le lendemain de son élection, M. Félix Faure eut une « bonne presse », mais une presse assez mal documentée. Elle fut « bonne » parce que la grande majorité des journaux rendit hommage à la droiture, à l'intelligence, aux qualités aimables du nouveau Président, et parce qu'aussi les socialistes lui décochèrent quelques injures. En outre, à l'étranger, l'impression que donnèrent les journaux fut réconfortante. Ils constatèrent d'abord que la transmission des pouvoirs dans notre République se fait avec un ordre et une régularité parfaits, puis ils louèrent le choix même fait par le Congrès à Versailles, en félicitant ce dernier d'avoir porté ses suffrages sur un homme qui paraissait doué au plus haut degré de qualités conciliantes et de qualités pratiques... Hors de France, le « praticisme » est tout.

Quant à la « documentation », elle fut, en vérité, un peu mince, dans les feuilles parisiennes, parce que cette élection n'étant pas préparée de longue main, les cartons et notes personnelles, et les carnets de souvenirs se trouvaient vides.

On se tint, le premier matin, dans les généralités. Les Dictionnaires des Contemporains avaient été fouillés et on n'en avait extrait qu'une très petite quantité de renseignements biographiques, dans le genre des suivants (*Journal des Débats*) :

M. Félix Faure est né à Paris le 31 janvier 1841.

M. Félix Faure est le fils de ses œuvres ; il a longtemps travaillé de ses mains dans les tanneries de la Touraine, et ce n'est qu'à force de labeur qu'il a créé et conduit à la prospérité sa maison de commerce du Havre.

Adjoint au maire de cette ville pendant la guerre franco-allemande et commandant des mobiles de la Seine-Inférieure, il conquit alors la croix de la Légion d'honneur. Révoqué par M. de Broglie, en 1874, de ses fonctions d'adjoint, il se consacra avec plus d'activité que jamais à toutes les œuvres philanthropiques, de secours mutuels et d'enseignement, au développement desquelles il avait pris dès l'origine une part très efficace. Candidat des républicains pour la première fois en 1876, élu en 1881, par l'accord de toutes les nuances du parti, et toujours réélu depuis, il a constamment pris la part la plus active aux travaux du Parlement. C'est grâce à lui, en partie, on s'en souvient, que fut opérée la réforme des tarifs de chemins de fer.

Depuis son entrée à la Chambre, M. Félix Faure a occupé une place importante dans la plupart des principales commissions. Il s'est fait remarquer par la clarté de sa parole, sa haute compétence dans les questions d'affaires, la droiture de son caractère, la fermeté de son libéralisme.

M. Félix Faure a fait partie du gouvernement, à plusieurs reprises, comme sous-secrétaire d'État des Colonies. Il était vice-président de la Chambre lorsqu'il prit, dans le cabinet Dupuy, le portefeuille de la Marine. Il est inutile de rappeler son attitude loyale et correcte lorsque, sollicité de toutes parts, il refusa de laisser poser sa candidature à la présidence de la Chambre.

On remarquera l'imprécision de cette biographie, dans un journal qui aurait eu de bonnes raisons d'en dire plus long. Mais M. Félix Faure, pendant toute sa carrière politique, n'avait pas beaucoup fréquenté les salles de rédaction et son existence intime surtout n'était guère divulguée par lui ou ses proches. Cependant, on observera que, dès ce moment, est faite une allusion au « travail manuel » du Président. C'était le début, en public, du *Petit Tanneur*.

Les reporters s'exercèrent sur ce thème pendant toute une semaine et ils complétèrent les dictionnaires biographiques d'une large façon : ils se mirent en devoir de découvrir et de révéler les origines du Président, et cette chasse aux informations offrit tous les incidents habituels, enquêtes, contre-enquêtes, démentis, etc.

D'abord où était né le Président? A Paris, on l'a vu. Mais où? Deux ou trois quartiers de la cité le réclamaient, à cette heure, comme « leur enfant ». Montmartre même était sur les rangs; — cela rappelait la lutte pour la naissance d'Homère. Enfin, aux archives de la préfecture de la Seine, on déterra l'acte de naissance que voici :

PRÉFECTURE   *Extrait du registre des Actes de Naissance*
DU   *de l'année* 1841
Département de la Seine

L'an mil huit cent quarante et un, le premier février, à onze heures et demie du matin, par-devant nous, Barthélemy-Benoît Decan, chevalier de la Légion d'honneur, maire du troisième

Maison où est né M. Félix Faure, faubourg Saint-Denis.

arrondissement de Paris, faisant les fonctions d'officier de l'état civil,

A comparu

Jean-Marie *Faure*, fabricant de fauteuils, âgé de trente et un

Phot. de M. de Rodhain.
La maison du père nourricier de M. Félix Faure.

ans, demeurant à Paris, rue du Faubourg-Saint-Denis, numéro 71, lequel nous a présenté un enfant de sexe masculin, né avant-hier, à onze heures du soir, en sa demeure, fils de lui comparant et de Rose-Adélaïde Cuissard, son épouse, auquel enfant il a donné les prénoms de *François-Félix*.

Ce fait en présence des sieurs Jean-François Rousselle, propriétaire, âgé de cinquante-cinq ans, demeurant à Paris, rue du Faubourg-Saint-Honoré, numéro 144, grand-oncle par alliance de l'enfant, et Claude Luet, ouvrier en fauteuils, âgé de trente-cinq ans, demeurant à Paris, rue du Faubourg-Saint-Denis, numéro 71, ami. Et, ont, le père et les témoins, signé avec nous, après lecture.

Signé : Faure, Rousselle, Luet, Decan.

Délivré conforme au registre par nous,
maire du troisième arrondissement
de Paris, le vingt-quatre novembre
mil huit cent cinquante-neuf.
Decan.

En marge on lit :

Admis par la commission. (Loi du 12 février 1872.)
Le membre de la commission,
Guyot.

Bon ! le faubourg Saint-Denis l'emportait. Et les comités porteurs de fleurs allaient peut-être s'y former, pour marcher sur l'Élysée, quand une note sceptique, inquiétante, parut : le *Gaulois* disait :

Il est à remarquer qu'aujourd'hui le faubourg Saint-Denis fait partie du 10° arrondissement, et que la maison où serait né M. Félix Faure appartient à la circonscription électorale de son concurrent à la Présidence de la République, M. Henri Brisson, député du quartier Saint-Denis.

Or, nous avons consulté les locataires du numéro 71 de la rue du Faubourg-Saint-Denis. C'est un immeuble des plus anciens, sans concierge, aux appartements étroits, dont le plus cher ne dépasse pas 300 francs. Au rez-de-chaussée sont installés un boulanger et un marchand de vin, la marchande de charbon a sa boutique donnant sur la rue des Petites-Écuries.

Personne n'est d'avis que le Président de la République ait pu naître dans cette maison, qui n'a jamais été installée pour recevoir une boutique de fabricant de meubles.

Il y a donc une erreur de l'acte de l'état civil, à moins que les numéros de la rue du Faubourg-Saint-Denis n'aient changé depuis 1841.

Cela se gâtait : l'Agence Havas ne soufflait mot. Le Président avait-il perdu son lieu de naissance? Le *Temps* vint à la rescousse, sans pourtant conclure :

On a émis l'opinion, dit-il, que la maison de la rue du Faubourg-Saint-Denis portant le numéro 71 n'a jamais été agencée pour recevoir une boutique de fabricant de meubles. Il résulterait de cette assertion que la maison du 71 n'est pas la véritable maison natale du Président de la République.

C'est d'ailleurs cette dernière opinion qui paraît être la vraie. Si nous consultons, en effet, le plan dressé en 1837 par ordonnance royale et approuvé par le ministre de l'Intérieur Montalivet, en vue de fixer des alignements dans la rue du Faubourg-Saint-Denis, nous voyons qu'à cette époque la maison inscrite sous le numéro 71 dans la rue du Faubourg-Saint-Denis, immeuble appartenant à Mmes Gatelier, était située exactement à 38 mètres de l'angle de la rue du Faubourg-Saint-Denis et de la rue des Petites-Écuries-du-Roi. D'autre part, la maison située actuellement à 38 mètres de la rue des Petites-Écuries porte le numéro 65.

Et alors? Ce fut le *Petit Journal* qui, définitivement, dénoua le drame :

La maison dans laquelle est né M. Félix Faure n'est pas celle qui porte actuellement le numéro 71 de la rue du Faubourg-Saint-Denis : il y a longtemps déjà, le numérotage a été changé, à la suite de nombreuses constructions et démolitions, et l'ancien 71, situé entre le passage et la rue des Petites-Écuries, est devenu le 65.

Il reste actuellement dans la maison une locataire, la veuve Martin, qui a connu les parents du Président. Cette brave femme, qui est dans une situation voisine de la misère, occupe depuis trente-trois ans le même logement et gagne péniblement sa vie comme blanchisseuse.

Quand nous nous sommes présenté chez elle hier pour l'interroger, elle a paru tout d'abord fort surprise.

— Je ne me rappelle pas, nous a-t-elle dit, avoir connu une famille Faure.

Mais nous lui avons parlé de l'ancien fabricant de fauteuils, ses souvenirs lui sont aussitôt revenus.

— C'étaient de bien braves gens, ces commerçants, nous a-t-elle dit, je les aimais beaucoup et ils étaient très bienveillants pour moi. Le mari était un petit homme alerte et gai, la femme était toujours prête à rendre service. Ils avaient un fils d'une vingtaine d'années qui aimait bien rire.

— Eh bien ! ce fils est aujourd'hui Président de la République.

— Pas possible ! le Président est ce gentil garçon que j'ai connu ! Je suis bien contente ; il méritait d'arriver.

Et la bonne vieille ne se tient pas de joie. Elle nous raconte que, la fabrique de chaises et de fauteuils ayant prospéré, M. Faure père dut quitter la maison pour aller s'installer dans un local plus important.

C'est au numéro 78 de la rue du Château-d'Eau que le père du Président de la République était allé s'installer, vers la fin de l'Empire.

Sa situation était, à ce moment, très prospère ; les locaux de la rue du Château-d'Eau, occupés aujourd'hui par un chapelier, ne comprenaient que les ateliers du fabricant, qui avait son appartement privé au numéro 11 de la rue Auber.

Grâce à cette « bonne mère Martin », on savait qu'une plaque commémorative pourrait être placée au numéro 65 de la rue du Faubourg-Saint-Denis. Hâtons-nous de dire qu'il n'y en a pas... Le faubourg ne manifesta point...

Puis, se posa la question de religion. Le bruit courait que le Président était protestant. Les reporters se remirent en courses. Mêmes anxiétés. Depuis 1841, deux paroisses s'étaient ajoutées à celles de Saint-Laurent et de Saint-Vincent-de-Paul. C'est, enfin, sur les registres de cette dernière qu'un informateur adroit releva l'acte de baptême du Président, le 59ᵉ baptême de l'année. Cet acte était ainsi conçu :

DIOCÈSE DE PARIS	*EXTRAIT*
—	*du*
PAROISSE	*registre des Actes de Baptême.*
de Saint-Vincent-de-Paul	—

L'an mil huit cent quarante et un, le premier février, a été baptisé François-Félix, né le trente janvier, fils de Jean-Marie Faure, fabricant de fauteuils, et de Rose-Adélaïde Cuissard, son épouse, demeurant rue du Faubourg-Saint Denis, 71.

Le parrain a été Jean-François Rousselle, propriétaire, rue du Faubourg-Saint-Martin, 114.

La marraine a été Marguerite Scaron, femme Rousselle.

Lesquels ont signé avec nous.

Signé : FAURE, ROUSSELLE, femme ROUSSELLE.
MAILLY, prêtre.

Certifié conforme à l'original et délivré par moi, vicaire de la paroisse.

Paris, ce 21 janvier 1895.

L. CLAUDIN, vicaire.

Quoi encore? — La nourrice? On découvrit que M. Félix Faure avait été envoyé par son père au hameau de Ducourt, qui dépend de la commune de Saint-Gervais, près Magny-en-Vexin. Il fut confié aux soins d'un excellent homme, le père Goulet, et il ne l'a pas, par la suite, oublié, car, même étant ministre de la Marine, il s'est rendu à Ducourt, dans la petite maison villageoise où il a bégayé en compagnie des douze ou treize enfants du père Goulet !...

On s'occupa enfin de Félix Faure collégien, car on le

suivait pas à pas. On avait « insinué » qu'il avait fait ses études au collège de Beauvais, mais bientôt on apprit qu'il n'avait passé que peu de temps dans ce collège, qu'il était ancien élève d'une école spéciale, très estimée dans le commerce parisien, l'École Pompée, à Ivry-sur-Seine.

Cette école a l'aspect extérieur le plus original, à coup sûr, de toutes les maisons d'éducation de France et de Navarre.

On dit communément que c'est un ancien rendez-vous de chasse de Louis XV. C'est parler par respect. En réalité, la construction, bâtie sur les ordres de Louis le Bien-Aimé, était destinée à abriter ses amours. Les chasses avaient lieu à Choisy-le-Roi, et, le soir venu, le monarque, abandonnant là ses meutes et ses piqueurs, filait discrètement — nous dirions aujourd'hui à l'anglaise — dans la direction d'Ivry, où l'attendait Mme de Pompadour. La galante retraite comprenait un vaste corps de bâtiment à trois étages, avec, à droite, des communs servant de remises et d'écuries, surmontés de deux colombes en fer forgé qui y palpitent encore. Tout le premier étage était réservé au roi; les autres comprenaient les logements de la domesticité. Cette différence de destination est soulignée par les nuances de l'ornementation. Autant les appartements du premier sont embellis de moulures et de peintures, dans le plus pur style de l'époque, autant les autres sont simples. La rampe de l'escalier, ouvragée jusqu'à la porte du monarque, se continue sans aucune fantaisie jusqu'aux combles.

A ce premier étage se trouvaient, à main gauche, la salle de bain de la favorite, à main droite, une grande pièce servant de chambre à coucher. Par un singulier hasard de conservation, cette pièce, qui forme actuellement le principal dortoir de l'école, se trouve, sauf la vétusté, dans le même état que lors de sa construction. On y voit encore, au fond de la cheminée monumentale, les armes de la royale courtisane, la glace encadrée de sa bordure rocaille, les trumeaux élégants des portes et trois immenses peintures murales destinées à faire naître des idées plutôt aimables. Elles représentent un triomphe d'Amphitrite, les aventures d'Antiope et les mésaventures d'Actéon. Tous les personnages, de grandeur nature, sont dans le traditionnel costume de la mère Ève avant le premier péché. Au point de vue artistique, ils ont été peints un peu hâtivement, comme cela est excusable pour l'embellissement d'un pied-à-terre sans conséquence. Mais, tels quels, ils doivent encore singulièrement embellir les rêves. On prétend (c'est M. Guy Tomel, à qui j'ai emprunté ces détails, qui l'affirme) que M. Félix Faure reposait à l'angle nord de ce bizarre dortoir, sous l'œil d'une Diane couronnée, dont les jambes ont disparu, mais dont le buste continue à être plein de séduction...

Cette amoureuse retraite du roi Bien-Aimé était, sur le derrière, pourvue d'un parc de plus de 40,000 mètres, également conservé dans son état primitif et où se promènent aujourd'hui maîtres et élèves. Vendue comme bien national, elle eut, pendant la Révolution, le poète Parny comme locataire, puis elle redevint propriété privée jusqu'au jour où le « père Pompée » y transporta ses pénates.

Le système d'éducation du père Pompée vaut la peine d'être analysé, parce qu'il dut, sans aucun doute, exercer

La villa du Havre.

une forte influence sur l'esprit et, probablement, sur la destinée du futur Président de la République.

Le père Pompée, à l'époque du Coup d'État, était considéré comme un réformateur hardi. Adversaire déclaré de l'enseignement purement classique, tel qu'il se professait alors, il avait formé le projet d'y substituer, pour la grande masse de la jeunesse, une éducation basée sur l'étude du français, des langues vivantes et des sciences, avec, pour

M. Félix Faure, juge au Tribunal de Commerce du Havre.

objectif, la préparation des élèves au commerce et à l'industrie. Ce programme était, on le voit, celui de l'enseignement secondaire spécial qui, après des vicissitudes sans nombre, a fini par triompher et par engendrer l'enseignement classique français. Le père Pompée fut donc un précurseur et il n'est point surprenant qu'on se soit adressé à lui pour organiser à Paris l'école Turgot, première tentative faite dans cet ordre d'idées.

Mais à peine était-il à l'œuvre que l'Empereur réclama de lui le serment qu'il exigeait de tous les fonctionnaires républicains. Pompée refusa. Dans les vingt-quatre heures, il fut révoqué. Voilà notre homme sur le pavé. Il résolut alors de tenter, avec ses seules forces, l'application de son système, et il ouvrit à Ivry-sur-Seine l'institution privée dont il traçait le programme en ces termes :

« L'éducation y est entendue de manière à former d'abord des hommes intelligents, honnêtes, laborieux ; en outre les études y sont combinées et dirigées pour faire apprendre promptement, complètement et solidement tout ce qui peut être utile dans toutes les professions où la connaissance du latin et du grec n'est pas indispensable. »

Le succès de l'établissement se manifesta dès les premières années, au point que M. Victor Duruy, devenu ministre de l'Instruction publique, et partisan comme on sait de l'enseignement spécial, qu'il voulait rendre orthodoxe, ne crut pas pouvoir se passer d'un collaborateur tel que Pompée. Il fit les premières avances et parvint à convaincre ce dernier qu'en s'absorbant dans une opposition politique sans issue, il stérilisait ses efforts. Si Paris valait bien une messe, le triomphe de l'éducation moderne valait bien un serment. Bref, il y eut réconciliation, ou tout au moins Pompée désarma devant César, et il put être chargé par le ministre d'aller fonder, en province, toute une série d'écoles professionnelles conçues sur le plan de celle d'Ivry. C'est ainsi que la maison d'éducation où étudiait le futur Président de la République fut la mère Gigogne qui enfanta tous les établissements similaires du second Empire.

Depuis lors, — toujours d'après M. Guy Tomel, ce maître fureteur, — le programme des cours y a peu changé. Il comprend quatre années élémentaires destinées à parfaire l'enseignement primaire supérieur, et quatre années de leçons techniques à l'issue desquelles l'élève peut entrer de plain pied aux Écoles d'Arts et Métiers d'Aix, de Châlons ou d'Angers, s'il ne préfère pas se placer librement tout de suite, en qualité de contremaître ou d'ingénieur-mécanicien, dans quelque grande industrie française ou étrangère.

Ajoutons, — ce qui ne peut qu'être agréable à l'excellent directeur actuel, M. Manoury, — qu'il peut devenir aussi... Président de la République.

L'élève Félix Faure, entré dans cet établissement en 1854, c'est-à-dire à l'âge de treize ans, y resta jusqu'à seize ans, en 1860.

Fut-il bon élève? Bon camarade? On n'a pas négligé de s'en informer. Voici, à ce propos, une note amusante du *Gaulois* :

> Tout de suite le jeune Faure fut classé parmi les meilleurs élèves de Pompée; il mangeait, faveur enviée, à la table du directeur.

Quant à ses camarades, le même interviewer du *Gaulois*, M. Marcel Hutin, en cite deux, le jeune Tronquoy, son voisin, qui habitait au n° 93 du Faubourg-Saint-Denis et dont le père était ancien professeur à l'École Polytechnique, à Turgot et aux Arts et Métiers. Un autre de ses camarades était le jeune Léon Chapron, le fils de l'épicier du coin de la rue des Petites-Écuries et du Faubourg-Saint-Denis.

M. Tronquoy a affirmé, au surplus, que M. Félix Faure était toujours mis avec beaucoup de recherche et, tout enfant, d'une coquetterie extrême. Toujours premier en mathématiques, en histoire, en géographie et en français, il n'avait le 2° prix qu'en dessin...

Mais voici qui est mieux que ces billevesées, auxquelles s'intéressa bizarrement le public; c'est cette déclaration du même ex-camarade du Président :

Jamais il n'a oublié ses anciens camarades de Pompée.
Pour vous le prouver, lisez la lettre qu'il m'écrivait hier.

« Viens me voir un matin ; nous causerons de choses et d'autres. En attendant, mon vieux camarade, crois que je ne t'ai point oublié et ne me donne pas plus d'oubli que je ne t'en donne moi-même.

« Amitiés. « Félix Faure. »

C'est bien le meilleur et le plus important document que l'on ait exhumé pendant cette course aux nouvelles.

Il resterait à montrer ce qu'a été l'histoire du « petit tanneur », mais, étant données nos curiosités de concierges, ce doit être un chapitre à part.

IV

Le petit tanneur.

Il y a des légendes qui « prennent » et d'autres qui ne « prennent » pas. — Celle du « petit tanneur » a admirablement « pris »; elle a été acceptée sans discussion, sans trop de moqueries; elle n'a pas eu, comme consécration, l'unique gloire des calembours faciles, l'auréole de la sentimentalité populaire, traduite en chansons patriotiques, en vignettes, ornements de la chaumière : — « Vous l'avez connu, grand'mère, vous l'avez connu. » Et à personne, elle n'a semblé ou ne semble plus ridicule.

Pourquoi? Quantité de gens ont appris, dans leur jeunesse, un métier manuel et ont passé quelques mois ou quelques années d'études pratiques dans un établissement industriel, sans que, plus tard, l'opinion s'en préoccupât. M. Carnot, lui-même, avait été placé par son père, saint-simonien convaincu, devant un établi de menuisier; il avait poussé le rabot et manié la scie au point de pouvoir presque gagner sa vie plus tard. On en parla à peine, au moment de la mort de ce père prévoyant. Il est vrai que M. Carnot avait vite quitté la menuiserie d'amateur pour entrer en mathématiques spéciales, tandis que M. Félix

L'Institution Pompée.

Faure a exercé un commerce qui se rapprochait de ses essais d'apprenti. A faux menuisier, demi-tanneur.

La raison première du succès de la légende d'Amboise fut que la « démocratie française » y trouva son compte. M. Félix Faure n'y est certes pour rien ; mais il est évident que dans l'esprit de beaucoup de Français, hommes simples ou fanatiques des Principes, chose vague, abritée solennellement sous un grand P, la magistrature du nouveau Président devait contraster en tous points avec le « règne » de son prédécesseur. A M. Casimir-Perier, l'opposition,

Le dortoir de l'Institution Pompée.

qui se dit seule démocratique, avait fait une réputation d'aristocrate ; — « réactionnaire » ne suffisait plus. Elle lui reprochait injustement ses alliances, ses relations, sa naissance ; elle oubliait qu'il sort de cette branche du peuple qui est une des forces du pays, la bourgeoisie enrichie par l'épargne...

Quand on rappela à l'opposition que M. Félix Faure

avait passé par l'atelier, on y vit une aggravation de condamnation des attitudes et des amitiés prêtées à M. Casimir-Perier ; à l'hôte des salons du faubourg Saint-Germain, elle fut heureuse d'opposer le fils du fabricant de fauteuils du faubourg Saint-Denis, — au « gentilhomme », l'ex-petit tanneur. Elle pardonnait à ce dernier d'être devenu, par la suite, un gentleman, et elle couvrait la légende de la protection de ses Principes.

En outre, la légende avait ces qualités — estimables celles-là — d'être modeste, à ses débuts, et d'être exacte.

Modeste, car elle fut présentée au public sans fla-fla, à la bonne franquette. Les familiers de M. Félix Faure, qui fréquentèrent les rédactions de journaux, n'y insistèrent point, quand on les sollicita de parler de leur ami ; les premières notes publiées demeurèrent discrètes, sur un ton de sincérité point larmoyante, et nul alors ne tressa de couronnes ou n'écrivit d'odes. La volonté, les actes de M. Félix Faure n'y furent point étrangers ; jamais, même dans les milieux ouvriers où il se trouva, il n'a cédé à la tentation, qui pourrait être excusable, de dire à ses auditeurs « qu'il les aimait parce qu'il avait peiné comme eux ». Un démocrate n'y aurait pas manqué.

Exacte aussi, la légende l'était à tous égards, et c'est parce qu'on en eut la preuve immédiate qu'elle prit si bien racine.

En effet, au nombre des premières adresses qui furent envoyées au Président, au lendemain même de son élection, figura celle-ci :

Monsieur le Président,

Nous soussignés, au nom de la tannerie Dumée, nous avons l'honneur de venir vous féliciter de votre élévation à la haute dignité de Président de la République.

Soyez persuadé, Monsieur le Président, que nous faisons des vœux pour que la France conserve longtemps à sa première magistrature l'homme intègre et dévoué dans lequel le Parlement, réuni en Congrès, a mis toute sa confiance.

Nous sommes, Monsieur le Président, vos très dévoués et sincères serviteurs.

Signé : Joly, Marbeau, Briskaj.

Pour copie : L. Jousset,
　Chauffeur-mécanicien.

Les signataires étaient les ouvriers de la maison Dumée, d'Amboise, où M. Félix Faure avait fait son apprentissage ; on remarqua que leurs félicitations étaient cordiales et respectueuses, et qu'elles ne décelaient aucune réclame. Le Président lui-même bénéficia de leur bon goût.

On se contenta presque de cela, dans la Presse. Les interviewers montrèrent moins d'acharnement qu'auprès des habitants du faubourg Saint-Denis. Tout au plus deux ou trois se rendirent à Amboise, pour obtenir des renseignements supplémentaires.

M. Dumée-Mesteil, l'ancien patron du Président, est mort en 1871, mais ses deux fils vivent encore et continuent à diriger la tannerie qui est située quai des Marais, sur les bords de l'Amasse. L'aîné des frères, M. Léonide Dumée, reçut les journalistes avec une bienveillance joyeuse ; il ne s'enorgueillit point de la bonne fortune qui lui échéait d'attirer l'attention sur sa maison, d'être le camarade d'établi du Président ; il dit « ce qu'il savait », en phrases courtes de brave homme. Parmi les résumés de ses propos, voici le plus pittoresque, peut-être ; il a été rédigé par M. Jean de Bonnefon, pour le *Journal* :

— En 1862, M. Faure père habitait 78, rue du Château-d'Eau. C'était un rude travailleur, maigri par le labeur, ridé par les veilles. Sous d'énormes moustaches, il cachait un bon sourire, et, satisfait de sa vie de labeur, il songeait à préparer celle de son fils.

Félix — je ne peux pas appeler autrement mon ami, même chef d'État. — Félix était un long ouvrier, mince comme une allumette, très pâle, sans barbe ni moustache, un peu courbé au physique, mais, au moral, droit comme une lame et solide d'amitié comme un bâton noueux.

On l'avait envoyé en Angleterre pour y apprendre la langue ; il y était resté deux ans, à Surrey, près de Londres, vivant « au pair », c'est-à-dire donnant son travail en échange de leçons d'anglais. Mais les brouillards d'outre-Manche ne lui convenaient pas.

... Il était entré à Paris, et son père l'avait placé, comme apprenti, rue Mauconseil, chez M. Origet, commissionnaire en cuirs tannés ; le jeune homme — qui avait le goût du métier — voulait apprendre la vraie tannerie. Son patron était un ami de mon père. Il fut décidé que Félix viendrait à Amboise terminer son apprentissage, puis travailler en ouvrier.

Il débarqua donc un beau matin, et plut tout de suite par sa franchise et sa gaieté. Le père Dumée était dur aux jeunes. Félix, qui habitait une petite chambre en ville, arrivait à 5 heures du matin, travaillait jusqu'à 7 heures, avait un quart d'heure pour boire avec les camarades un verre de vin blanc. A 10 heures, on avait une heure pour déjeuner, et le reste du jour, jusqu'à 7 heures, en toute saison, était pour le travail.

En dix-huit mois, Félix avait appris tous les détails du métier. Il avait travaillé des peaux depuis le moment où l'on enlève le poil, jusqu'au moment où l'on peut en faire des souliers.

Ces connaissances techniques ont aidé sa fortune, car jamais les marchands de cuir n'ont pu tromper ce commerçant sur la qualité d'une marchandise qu'il avait préparée de ses mains.

Peu à peu, l'intelligence ouverte du jeune homme nous avait tous conquis, et quand Félix nous quitta pour entrer dans une maison au Havre, nous crûmes, ouvriers et patrons, perdre un frère.

C'est tout : il n'y eut — en plus de l'adresse des ouvriers — ni députation à l'Elysée, ni harangues, ni palmes vertes, ni plaques commémoratives. Et le « petit tanneur » fut partout accepté comme l'avait montré son ami Dumée.

À ce séjour à Amboise se rattache un des événements les plus importants de la vie de M. Félix Faure, son mariage. N'étant qu'apprenti, il avait donné son cœur à une jeune fille qui semblait fort au-dessus de sa condition, une jeune fille aux traits délicats, aux cheveux noirs, aux yeux très doux. C'était la nièce de M. Guinot, maire d'Amboise, qui fut, plus tard, sénateur d'Indre-et-Loire. Cette union ne paraissait alors appartenir qu'au cercle des rêves de la vingtième année ; mais M. Félix Faure, tout jeune, était persévérant autant que fidèle à ses affections. Quand il eut quitté le pays, il ne cessa d'entretenir commerce d'amitié avec la famille Guinot, et quand il eut conquis, au Havre, une petite situation personnelle, il se hâta de revenir à Amboise : il fit sa demande et fut agréé : sa force de volonté et son assiduité au travail avaient comblé l'apparente « distance sociale ».

Il n'appartient à personne de dire combien cette union a été heureuse et calme, quel appui M. Félix Faure a trouvé en sa femme, qui s'unissait aussi bien à ses préoccupations commerciales qu'à ses ambitions politiques. Pourtant, on ne peut arrêter ici ce chapitre, parce que, au bout de trente ans, les haines les plus violentes se sont jetées sur la famille du Président, et une « campagne », selon le terme à la mode, a été menée contre elle. C'est en octobre 1895 que les phases, fort brèves du reste, s'en sont déroulées. Le Président refusant de s'écarter de son rôle constitutionnel et de « faire luire » ce qu'on appelait « la lumière » sur le Panama, l'instigateur de cette affaire, M. Delahaye, publia, dans la *Libre Parole*, un article où il voulait couvrir de boue les parents de Mme Félix Faure. Il espérait obliger le Président à démissionner : l'entreprise échoua. La Presse laissa M. Delahaye poursuivre seul sa méchante besogne, et, au lieu de l'y encourager, elle prit, en bloc, la défense d'une femme outragée. Nous ne referons pas, à ce propos, les articles indignés qui ont été publiés; nous nous bornerons à citer un des plus éloquents, celui de M. Hugues Le Roux, qui écrivit ce qui suit dans le *Figaro* :

Au mois de mars 1841, une jeune fille d'Amboise, Mlle Guinot, épousait un M. Belluot, avoué. Beaucoup de personnes s'étaient interposées pour hâter les conclusions de ce mariage. Elles ne tarissaient pas d'éloges sur le compte du fiancé. La confiance des parents fut surprise; car ils mariaient leur enfant sous le régime de la communauté des biens.

On les avait trompés cruellement. Celui qui, près de leur fille, avait joué la comédie de l'amour, ne devait pas tarder à se faire connaître. Moins de quatre mois après le mariage, le 15 juillet 1841, il abandonnait son foyer après avoir dissipé, avec la dot de sa femme, les fonds qu'il avait entre les mains. Il laissait derrière soi sa femme enceinte.

On devine quelle fut la mélancolie de cette vie de jeune femme jusqu'à la date du 21 février 1842, où, sept mois après son abandon, elle mit au monde la petite fille qui devait être un jour la femme respectée de M. le Président de la République. Mme Belluot avait obtenu la séparation au mois de janvier.

Par un acte en date du 2 février 1842, elle renonçait « à toutes les reprises dans la communauté ».

Ce fut dans la maison de son grand-père, et plus tard — après la mort de sa mère — dans la maison de son oncle, M. Charles Guinot, que la petite fut élevée. Le fils après le père, les Guinot s'étaient succédé à la mairie d'Amboise, de 1848 à 1893. On aime à jaser, en province, mais les cœurs y sont restés droits. La persistante fidélité de ces électeurs-là avait, dans l'occasion, une signification singulièrement précieuse pour cette famille si éprouvée; dans son infortune, elle était une marque de l'estime publique.

Deux ouvriers de la tannerie Dumée, contemporains de M. Félix Faure.

* *

Mlle Guinot venait d'atteindre ses vingt ans quand, pour la première fois, elle rencontra dans son chemin un jeune homme qui avait presque le même âge qu'elle : vingt et un ans. Il était, lui, employé dans une fabrique de la ville. Tout de suite les jeunes gens s'aimèrent. Mais M. Félix Faure, fils de ses œuvres, ne pouvait songer encore à se bâtir un foyer. Pour demander la main de celle qu'il aimait, il attendit que le succès de son travail lui permit de se fonder une famille. Il avait été s'installer au Havre; il y prospéra. En juillet 1865, il put enfin épouser celle qu'il aimait.

Avant de donner le consentement, les honnêtes gens qui avaient élevé l'orpheline avertirent le prétendu qu'ils avaient quelque chose à lui confier... Je ne sais pas ce qu'auraient fait dans l'occasion les bons Français qui me lisent, mais, je m'en porterais garant, pas un galant homme ne résistera à donner mieux que son estime au jeune homme qui répondit alors :

— Que m'importe... Je ne vais pas faire retomber sur une innocente une faute commise par d'autres avant sa naissance... c'est à la tendresse de réparer toutes les injustices, de guérir toutes les douleurs.

Le petit tanneur.
D'après une photographie.

Le voilà donc au jour, ce secret dont les ennemis de M. le Président de la République l'ont averti qu'ils le menaçaient. Sans doute ils espéraient quelque marché? Ils voulaient troquer leur silence contre les complaisances dont ils ont besoin, à moins qu'ils n'aient seulement cédé à cette rage d'envie qui impose à ceux qu'elle envahit des gestes de fous ou de criminels. Vraiment ces éclats de haine laissent après soi une grande tristesse. Il faut qu'elle obscurcisse singulièrement les esprits où elle s'installe, pour qu'on ait

Phot. Gautron.

La tannerie Dumée, à Amboise.

espéré nuire au premier magistrat du pays en lui reprochant une action qui l'a honoré quand il était simple citoyen.

Ce sont là des leçons qui ne devraient pas être perdues. Elles avertissent notre bourgeoisie que sa coupable inaction a laissé le champ trop libre aux audaces mauvaises et que l'honneur français est vraiment en péril, si sans que l'opinion s'émeuve, des diffamateurs peuvent employer de tels moyens, poursuivre de tels buts.

Pour ce peuple dont le Président s'honore de sortir, ce peuple

qui connaît la femme au visage de douceur qui vient vers les siens avec d'affectueuses paroles, quand il saura quelle marque d'estime et de tendresse M. Félix Faure a donnée autrefois à sa fiancée, il aura une minute d'honnête émotion ; il dira simplement :
— Nous savions bien que cet homme-là était un honnête homme.

Ajoutons qu'à Amboise même on a élevé, sous la présidence de M. Félix Faure, un buste à la mémoire de son oncle, M. Guinot.

V

Au Havre.

C'est au Havre, comme bien on pense, que l'élection de M. Félix Faure fut accueillie avec le plus de chaleureuse joie. Les Havrais avaient adopté depuis longtemps ce « Parigot » et l'avaient placé au premier rang parmi eux. La ville illumina, la Bourse du Commerce fut fermée, le conseil municipal tint une séance extraordinaire et nomma une délégation chargée de porter des fleurs à Mme Félix Faure et une adresse au Président; la Chambre de Commerce et différentes associations havraises s'associèrent à ces manifestations et, dans toute la région, on releva le même sentiment d'allégresse. A Bolbec, par exemple, les sentiments de la population furent particulièrement touchants; dans leur adresse à leur ancien député, les électeurs rappelaient « avec un légitime orgueil que leurs premiers succès républicains étaient liés aux débuts de M. le Président dans la carrière politique ». Il y avait là une note toute spéciale, que l'on n'apprécie bien que si l'on a vécu et lutté dans ces pays autrefois réactionnaires et lentement conquis à la République. Les « liens » dont il est question plus haut demeurent indissolubles; ce sont ceux des heures d'espérance.

M. Félix Faure, d'ailleurs, s'était assez mêlé à la vie commerciale et politique du Havre pour qu'il y fût aimé. Sa maison de commerce, tout d'abord, était fort importante; elle était située rue de la Bourse; — depuis, elle a été transférée, sous une autre raison sociale, « Bergerault et Cremer », à l'angle des rues Franklin et Doubet. D'aspect imposant à l'extérieur, cette maison était intérieurement divisée en salles spacieuses et bien éclairées où de nombreux employés expédiaient la correspondance.

Le cabinet des associés ne se distinguait en rien des cabinets commerciaux que l'on rencontre d'ordinaire. A gauche de la pièce, sur une console, un buste du roi de Grèce, drapé à l'antique (M. Cremer, ex-associé de M. Félix Faure, est consul de Grèce). On remarquait là, également, une photographie de M. Félix Faure, en costume d'ouvrier tanneur. Il porte le large tablier de cuir à bavette, des sabots, un pantalon serré au bas des jambes par des ficelles, sans gilet, les manches de la chemise relevées, laissant passer des bras vigoureux, le col ouvert dégageant la poitrine. M. Félix Faure, à dix-huit ans, a l'air d'un maître ouvrier. Derrière lui, sur une chaise de paille, a été jeté un instrument employé dans la tannerie.

Derrière le bâtiment des bureaux, se trouvaient les magasins, qui exhalaient une odeur caractéristique de peau tannée. Tel était l'ensemble de la maison où M. Félix

Faure fit sa fortune, qui ne doit pas dépasser de beaucoup un million, d'après les Havrais consultés à cette époque...

Car on en consulta, certes, des Havrais! On en a interviewé autant qu'on en rencontrait et on est allé les relancer à domicile. M. Maurice Leudet, du *Figaro*, a trouvé un des plus « intéressants » : c'est M. Asselin, le premier patron du Président, auquel celui-ci, venant d'Amboise, fut adressé avec une lettre de recommandation ; il le prit comme volontaire.

M. Asselin est un vieillard de soixante-dix ans. Il est retiré des affaires et sa maison est tenue maintenant par ses deux fils. Voici ce qu'il dit à M. Leudet :

« Je ne me souviens plus aujourd'hui quel est l'ami qui me recommanda Félix Faure. Mais je me rappelle parfaitement que mon employé d'alors, c'était en 1863, ne me donna que satisfaction par sa bonne conduite et son assiduité au travail. Sa besogne était dure. Je l'avais chargé d'assister au débarquement de nos marchandises et d'assister au classement et au conditionnement des cuirs. Non seulement il était exact à son devoir, mais il le remplissait avec zèle. Par la précision de ses rapports, par les renseignements qu'il me donnait, je voyais que mon commis, avec ses qualités d'attention laborieuse, était appelé à occuper un jour une place importante dans le commerce. Il avait le désir, et il savait le réaliser, de faire mieux que bien et il témoignait d'une activité et d'une volonté rares chez un jeune homme de son âge. Jamais il ne se plaignait d'être trop occupé ; il aurait plutôt été enclin à réclamer du travail supplémentaire, tellement il avait d'ardeur à se montrer indispensable et à prouver son intelligence et son initiative.

« Je n'ai pas été étonné quand, après quelques mois de stage dans ma maison, il est venu m'annoncer qu'il s'établirait à son compte. Je n'ai pas besoin de vous dire qu'il excita de nombreuses jalousies en arrivant à conquérir une des premières situations commerciales sur la place du Havre. C'est la loi de la concurrence. Mais, par son affabilité, par sa nature généreuse, il a su bientôt vaincre toutes hostilités et de ses concurrents se faire des amis. »

Ce n'est pas sans émotion que M. Asselin m'a parlé de son ancien employé. Il se réjouit, bien entendu, de sa nomination à la plus haute magistrature de l'État.

« Nous pouvons tous nous vanter, m'a-t-il déclaré en terminant, d'avoir à la tête de la République un brave homme, ayant au plus haut degré le sentiment du devoir. »

Lorsque M. Félix Faure s'établit pour la première fois, en 1865, il eut pour associé M. van Harten, un Hollandais. M. van Harten était commis en même temps que lui chez M. Asselin. La raison sociale de la maison était : « van Harten et Faure », et, d'après ce qui m'a été dit au Havre, c'était M. van Harten qui avait apporté une commandite de 25.000 francs. La maison dura ainsi jusqu'en 1867. A cette époque, M. van Harten se retira et M. Félix Faure eut pour nouvel associé M. Bonvoisin. La raison sociale Faure-Bonvoisin dura jusqu'en 1886.

A cette époque la maison s'est transformée de nouveau et est devenue la maison F. Faure et Cie. C'est depuis cette date surtout qu'elle a pris une grande extension.

Voilà pour le « tanneur », ou plutôt pour le « négociant en cuir ». Venons au « Havrais » homme politique, candidat, député, etc. Son histoire est fort agitée, fort occupée par mille et un soucis. Elle offre d'abord une période militaire assez belle : — je passe sur les débuts d'habitant du Havre, quoique dès 1863 M. Félix Faure ait fait de constants et utiles efforts pour développer les œuvres de mutualité et créé notamment une société de secours mutuels qui est des plus riches de France.

J'arrive à 1870. M. Félix Faure est adjoint au maire pendant la guerre, il collabore activement aux mesures de défense; il signe, le 4 août 1870, les notifications relatives à la formation des compagnies de gardes nationaux; puis, le 21 octobre 1870, il se rend aux avant-postes pour constater la situation et les besoins des compagnies de tirailleurs havrais et des mobiles qui ont été armés par son intermédiaire, sur réquisition que lui a adressée Gambetta; — un décret du 18 novembre le nomme chef de bataillon commandant le dépôt de la Seine-Inférieure (nous l'avons vu au Salon de 1896 et on le retrouve à l'Élysée sous ce costume martial); — enfin, en mai 1871, il part pour Paris, avec un détachement de sapeurs-pompiers volontaires, afin de combattre les incendies de la Commune; en témoignage de satisfaction, le colonel Willermé garde ses volontaires à Paris les derniers. Le 24 mai 1871, sur la proposition de l'amiral Mouchez, M. Félix Faure est nommé chevalier de la Légion d'honneur pour faits de guerre.

Il ne l'avait « pas volé », dit-on autour de lui, et dès lors sa popularité havraise était bien assise.

Il était adjoint au maire, quand, en 1874, M. de Broglie le révoqua. C'était à prévoir; il faisait depuis longtemps de la propagande républicaine. Mais cette révocation eut pour résultat de le désigner comme candidat aux élections législatives.

M. Félix Faure, dans sa profession de foi, déclarait qu'il resterait sur le terrain du centre gauche, *qu'il voulait la République libérale, tolérante, ouverte à tous, garantissant tous les droits et protégeant tous les intérêts, qu'il ne séparait pas la démocratie de la liberté, ni la liberté de l'ordre.*

Le résultat du scrutin ne fut pas favorable à M. Félix Faure, qui avait pourtant fait — mais un peu tard — une campagne électorale énergique : non élu, il n'en continua pas moins à combattre, et, la veille des élections du 14 octobre 1877, qui suivirent la dissolution de la Chambre par le gouvernement du maréchal de Mac-Mahon, il adressa

Phot. Boyer.

Le Havre. — Vestibule de la villa.

à un de ses amis du Havre, dans une lettre datée d'Amboise, que presque tous les journaux républicains reproduisirent, un appel pour l'envoi à la Chambre « d'une forte majorité républicaine, d'une majorité qui, prouvant que le pays est avec elle, lui donnera cette force morale

Le Havre. — Pavillon de la maison militaire.

Phot. Boyer.

qui permettrait d'assurer les institutions républicaines contre toute nouvelle conspiration, d'où qu'elle vienne ».

De 1877 à 1881, M. Félix Faure voyagea et travailla : ses rapports à la Chambre de commerce, à la Commission supérieure de la marine marchande, en font foi. — Puis, en 1881, il se présenta à l'improviste dans la 3ᵉ circonscription du Havre, douze jours avant les élections, pour y tenir le drapeau républicain que M. Siegfried, tombé grièvement malade, était forcé d'abandonner. Il fut élu le 21 août, par 5.876 voix, contre M. Levaillant du Douët, réactionnaire, qui en obtenait 5.612.

Le 4 octobre 1885, M. Félix Faure fut réélu au scrutin de liste au premier tour, le troisième sur 12, par 80.559 voix, comme député de la Seine-Inférieure. Le plus favorisé de la liste réactionnaire que patronnait M. Pouyer-Quertier, n'obtint que 60.000 voix. Enfin, M. Félix Faure fut réélu dans la 2ᵉ circonscription du Havre, en 1889, au premier tour, député par 8.285 voix, contre M. Raoul Ancel, conservateur boulangiste, et en 1893 par 10.048 voix, sans concurrent.

Il est, maintenant, « prophète en son pays d'adoption », cas assez rare, et chacune de ses visites au Havre, pour ses parties de chasse ou de villégiature, est l'occasion de démonstrations très sympathiques.

J'ai ouï dire toutefois qu'on regrette de ne pas l'avoir aussi « près de la main », depuis qu'il a maison militaire, escorte, etc., et que sa villa n'est pas tout à fait le bon gîte d'autrefois. Celui-ci consistait en une villa modeste sise sur le boulevard Maritime ; — le Président, en entrant à l'Élysée, l'a louée à des amis et il en a acheté une autre, très vaste, sur la Côte.

C'est, maintenant, une demeure « présidentielle », ayant bel air : elle a vue, par devant, sur la mer. Derrière, s'étendent un parc et un potager. A droite de la grille d'entrée, où veille la garde d'honneur, s'élève un pavillon normand, qui est affecté au logement des officiers ; à gauche, les écuries. Quant au corps central du bâtiment, il est disposé de façon à recevoir délégations, visiteurs, invités privés, princes, pompiers et fanfares. Il y a grande salle à manger, grand salon de réception, cabinet de travail, etc., tout ce qu'il faut enfin pour ne point passer des vacances absolument tranquilles.

Et les Havrais déplorent, assure-t-on, que M. Félix Faure, ainsi installé, ne soit plus, surtout, leur « concitoyen ».

VI

L'Élysée.

L'Élysée fut, à certaine époque, un « bastringue ».
Sous cette forme plaisamment outrée, l'évocation d'un fragment de passé fournirait matière à différentes réflexions, — railleries ou ronronnements philosophiques. Des réactionnaires, si toutefois l'avalanche des ralliés en a laissé subsister, diront que « plus ça change, plus c'est la même chose », oubliant qu'avant les Présidents de la République actuelle, des têtes couronnées se sont fort bien accommodées de ce changement. Les Joseph Prudhomme se livreront à des considérations pompeuses sur « l'ironie des faits ». Pour la masse du public, elle fera bien de se contenter de ce jugement sommaire et juste, à savoir que l'Élysée est une vilaine bâtisse, mal appropriée aux besoins qu'elle doit satisfaire. Elle constitue pour nos chefs d'État une trop petite et trop modeste demeure, et, si le régime des douzièmes provisoires auquel nous sommes assujettis, c'est-à-dire la pauvreté

de nos ressources financières et les mauvaises habitudes du Parlement, nous en laissaient la possibilité, il faudrait qu'on lui donnât une remplaçante. Mais nous en sommes loin.

L'Élysée, en soi, ou du moins à ses origines, ne fut point laid. Ce fut, et ce serait encore, si on n'y avait fait de nombreuses et souvent maladroites adjonctions, un palais de style Louis XV dont la façade, en certaines de ses parties, au centre, a conservé des proportions et des lignes élégantes. Il fut construit vers 1718, par l'architecte Mollet, pour le comte d'Évreux, apparenté à la famille royale. Il s'éleva à l'extrémité de la chaussée du Roule, sur des terrains encore marécageux qui confinaient au dernier lot des chasses à tir avoisinant directement ce côté de l'ancien Paris; on en trouve mention dans Saint-Simon, comme d'une résidence de villégiature, très agréable. Le roi Louis XV l'acheta pour Mme de Pompadour. — Voilà, Monsieur Prudhomme, votre ironie des faits! — La favorite l'habita assez longtemps et elle augmenta le jardin aux dépens des Champs-Élysées, alors en formation, dans le sens de l'avenue Marigny. Mme de Pompadour, en mourant, restitua ce don à son royal amant, qui s'en débarrassa au profit du financier Beaujon, dont on retrouve le nom dans tout ce quartier. C'est de cette époque que date, à l'Élysée, l'édification d'un petit pavillon donnant sur le jardin, qui s'appelle encore le « boudoir d'argent ».

Sous la Révolution, l'Élysée fut confisqué comme bien national, et c'est alors qu'il eut cette étrange fortune d'où peut découler l'irrévérencieuse formule inscrite en tête de ces notes : il devint un « bastringue ». On le loua à ce qu'on appelait des entrepreneurs de plaisir public, à des restaurateurs, qui y établirent des cabinets particuliers, qui dressèrent des tonnelles sous les arbres, qui donnèrent à danser, à manger et le reste. Il y a quelques années, en détruisant des boiseries, sans intérêt d'ailleurs, on découvrit derrière l'une d'elles une carte de restaurateur avec l'indication des plats et de leur prix, le tout surmonté de la devise : « Liberté, Égalité, Fraternité, ou la mort. »

Cette destination bizarre de l'ancien domaine du comte d'Évreux ne dura naturellement que le temps de la Révolution ; en 1803, Murat se rendit acquéreur du palais, et quand il devint roi de Naples, Napoléon le lui racheta.

L'Empereur y séjourna ; dans sa correspondance, on trouve différents décrets qui y ont été signés. Joséphine y passa le mois qui précéda son divorce, et enfin on l'aménagea pour Marie-Louise. C'est encore là que Napoléon vint se réfugier avant sa seconde abdication ; il y resta trois jours et signa, dit-on, son acte de renonciation dernière sur une petite table en mosaïque de Florence que l'on peut voir dans le boudoir d'argent du financier Beaujon.

Sous la Restauration, l'Élysée appartint au duc et à la duchesse de Berry ; il ne fut guère habité après la mort du duc et il entra jusqu'en 1830 dans ce qu'on peut appeler une période de sommeil ; de temps à autre, on y logeait un ambassadeur ou un souverain de passage. En

1849, le prince Louis y établit sa résidence et il y demeura jusqu'en 1852. Il faut croire qu'il y avait trouvé quelques charmes, car il en entreprit la réfection, et il fit, notamment, presque entièrement construire l'aile gauche où

Phot. Boyer.
Le Havre. — Cabinet de travail du Président.

habitent aujourd'hui les Présidents de la République; on le destinait à servir de palais au Prince impérial, mais celui-ci n'y fut jamais installé. En 1867, on l'affecta de nouveau au logement des souverains qui étaient les hôtes de l'Empereur; c'est ainsi qu'y défilèrent, durant quelques semaines, le Tsar, le Sultan, l'Empereur d'Autriche, le Roi de Suède, le Roi des Pays-Bas, etc.

En 1870, nouvel avatar : d'un côté, s'installe l'état-major de la garde nationale avec Clément Thomas; de

Phot. Boyer.

Le Havre. — La salle à manger de la villa.

l'autre, la Société de secours aux blessés; puis le général Ladmirault en fait le siège de son état-major. M. Thiers y vient en 1872, puis en 1873, pour un mois, et c'est là qu'il forme son dernier cabinet.

Le maréchal de Mac-Mahon, Président de la République,

résidait à Versailles, mais il se fit autoriser à donner des fêtes à l'Élysée, où il reçut le Schah de Perse, et enfin, en 1874, il y fit son installation définitive, amenant avec lui Mme la maréchale de Mac-Mahon, ses trois fils et sa fille, Mme de Pienne. Nous trouvons ensuite M. Grévy, avec son gendre M. Wilson et dans le jardin son canard favori *Bébé*, M. Carnot, M. Casimir-Perier et M. Félix Faure. C'est surtout pendant ces dix dernières années que l'Élysée prit sa physionomie d'aujourd'hui. M. Grévy n'aimait pas beaucoup recevoir, surtout en un palais si mal approprié à de grandes fêtes; il ne goûtait que les joies du billard, partagées avec quelques intimes, et M. Wilson se contentait des plaisirs de sa salle d'armes et de son cabinet d'affaires; néanmoins, M. Grévy, se résignant, fit construire le jardin d'hiver qui fut inauguré le 1er janvier 1880. M. Carnot, plus hospitalier, jugea bon d'agrandir à son tour le palais, mais il eut peut-être le tort de dresser ses plans lui-même, en ingénieur; c'est à lui que l'on doit l'aile droite intérieure, édifiée complètement en fer, façon École Centrale et Polytechnique, qui sert de salle de danse, et surtout la marquise en verre de la cour d'honneur, que l'on a baptisée irrévérencieusement du nom de « palais des singes ». Tout cela est solide sans doute, mais n'agrémente guère l'œuvre de l'architecte Mollet.

Actuellement, M. Félix Faure, non plus que M. Casimir-Périer, n'y ayant touché dans les grandes lignes, l'Élysée se présente comme un ensemble de constructions d'inégale hauteur et d'inégale importance qui ne donne guère une impression de majesté. On en tire parti le mieux qu'il est possible, mais ce n'est qu'un pis aller. On a attribué tout le rez-de-chaussée aux cérémonies officielles, ainsi que l'aile droite intérieure (sur le jardin) ajoutée, comme on l'a vu, par M. Carnot; ce sont des salons, au nombre d'une dizaine, qui prennent jour en avant sur la cour d'honneur; au-dessus, se trouve la partie des appartements du Président de la République où il reçoit en « demi-cérémonie », et enfin, à gauche, sont les bureaux, bien connus des solliciteurs, et les appartements privés.

Le rez-de-chaussée a, heureusement, assez grand air, parce que l'inspecteur général des palais nationaux qui est chargé de l'Élysée, M. de Gourlet, en homme de goût, très lettré et très artiste, familier du logis (il y réside depuis 1864), a su former une collection d'objets d'art ou de souvenirs historiques qui ont une valeur intrinsèque. Au nombre de ceux-ci figurent, au premier rang, les tapis et les tapisseries, qui sont de toute beauté. On y remarquera toutefois, et plus que partout ailleurs, cette note comique, que les différents habitants du palais de l'Élysée ont eu pour préoccupation d'effacer le souvenir de leurs prédécesseurs, et ils ont procédé à cette exécution en véritables barbares. Ainsi, tel tapis a subi parfois trois ou quatre modifications; on a enlevé tour à tour : les fleurs de lis, les armoiries composées de décorations françaises, les aigles, les N couronnés, pour les remplacer par des morceaux rapiécés, par les emblèmes du jour! Et le même travail a été fait souvent dans les plafonds, dans les corniches, où des R F remplissent maintenant les cartouches précédemment ornés de différents attributs réputés sub=

versifs. C'est grand dommage et on devrait comprendre qu'on ne détruit pas l'histoire avec un badigeon de peinture, une pelote de laine ou une poignée de plâtre.

Quelques salons du rez-de-chaussée présentent des particularités artistiques qu'il est intéressant de signaler en un rapide compte rendu de visite, car, dans le tohu-bohu des fêtes officielles, on ne les remarque guère. On trouvera, dans le salon de Murat, du plus pur style Empire, deux grands tableaux de Carle Vernet, retraçant des épisodes de la vie du brillant roi de Naples, et, entre les fenêtres, une peinture qui représente la colonne Vendôme telle qu'elle fut en 1807, c'est-à-dire avec la vraie statue de l'Empereur, que Louis-Philippe, plus tard, fit habiller différemment. On notera aussi, dans l'ancienne salle à manger, contiguë à la serre qui est le buffet des bals, tout au fond, un grand groupe représentant des paons que le sculpteur Cain envoya à l'Exposition de 1878. Il fut exécuté, en biscuit de Sèvres, et, sauf la « difficulté vaincue », il ne peut qu'inspirer une médiocre admiration pour les produits modernes de notre grande usine artistique. A noter enfin de ce côté, dans la salle nouvelle des fêtes, plafonnée de peintures de Guillaume Dubufe, des tapisseries qui retracent superbement des épisodes de l'histoire de Jason; c'est dans cette salle, aussi salle de danse, que l'on donne les grands dîners, sur une seule table de cent dix couverts.

Un peu plus loin, en revenant sur la gauche, un des salons, dit de l'Hémicycle, qui fut sans doute la chambre à coucher de Napoléon, renferme une autre tapisserie du plus grand prix : c'est un jugement de Pâris, d'après les cartons de Raphaël ; mais elle a été abîmée sur les ordres de Mme de Maintenon, qui fit vêtir les trois Grâces, quelle estimait trop nues. On distingue très bien les vêtements ainsi ajoutés. Dans cette même pièce, on sourira, si l'on veut, devant un échantillon de tapisserie de nos jours, du Beauvais : c'est un devant de feu où est représenté un lion de Gérôme, avec des fleurs de Cesbron. On arrive, tout auprès, dans la salle du conseil des ministres, avec sa table classique, ses douze buvards en toile chagrinée, porte-plumes, crayons, accessoires et ornements banaux ; au bout de la pièce, un buste de la République, qui regarde d'un œil vide une collection de portraits, assez beaux ceux-là, des souverains de l'Europe sous le second Empire.

Au premier étage, les appartements de « demi-cérémonie » sont le salon de Mme Félix Faure, une salle de billard, une salle à manger, le salon de Mlle Félix Faure, l'un des cabinets du Président, orné de différents portraits de lui, d'un portrait du Tsar, d'un portrait du petit-fils du Président peint par Roll, etc., etc. Les invités aux bals officiels ont tous pu visiter cette partie du palais.

Enfin, pour ne rien oublier, je mentionnerai simplement les appartements privés, qui occupent toute l'aile gauche, et où sont aménagés, avec les petits salons d'attente, les cabinets de MM. Le Gall et Blondel, du général Hagron, des officiers de service, du Président lui-même, ce dernier cabinet étant le cabinet « officiel », c'est-à-dire réservé aux audiences cérémonieuses ; il est orné d'une tapisserie dite des quatre éléments et renferme un admirable bureau Louis XV.

Il ne reste, pour compléter cette description, qu'à signaler, dans l'aile gauche, tout près des grands salons, au rez-de-chaussée, la chapelle, qui date du second Empire : elle est toute petite, mais disposée de façon, l'autel étant placé en contre-bas, que, du vestibule, un assez grand nombre de personnes peuvent assister aux messes qui y sont dites, par un prêtre de la paroisse de la Madeleine, quand, par exemple, il y a remise de barrette à un cardinal.

Si l'Élysée n'est pas une résidence très agréable pour le Président, par contre, M. Félix Faure doit avoir toute satisfaction à Rambouillet, qu'il a choisi comme lieu de villégiature, dédaignant Compiègne et abandonnant Fontainebleau. Ce sont, sans doute, ses goûts de chasseur qui l'ont guidé.

Le château de Rambouillet a, en effet, un air agreste; il est bien plus « intime » que le château de Fontainebleau, tout entier cérémonieux et bon, semble-t-il, à étonner surtout les bandes de touristes, de bicyclistes et d'Anglais qui déambulent, au trot, à travers ses innombrables salles.

A Rambouillet, rien de semblable; peu de visites, peu de curiosités publiques; un grand charme de liberté comparable à celle que peuvent goûter les lords dans leurs immenses domaines. De l'eau, beaucoup d'eau, — excellente chasse en bateau, — des tirés giboyeux, un potager magnifique et des bosquets, des avenues (superbe, l'avenue d'entrée) qui ont quelque chose d'imprévu, de capricieux, loin du type « palais national ».

Il est évident que, dans cette nature moins travaillée par l'architecte et le jardinier que Compiègne ou tant d'autres demeures historiques, la villégiature est charmante, pour qui aime les sports et les choses du plein air, et ainsi s'explique facilement pourquoi le Président préfère, pour les chasses plus intimes, Rambouillet à Marly. Dans les tirés de Marly, le rendez-vous est plus officiel, il n'y a rien de laissé à l'imprévu, tandis qu'à Rambouillet la chasse est plus accidentée et plus fantaisiste. Ajoutons que d'excellents amis de M. Félix Faure sont eux-mêmes locataires ou propriétaires de chasses voisines et qu'en leur société, le Président retrouve un peu les réunions d'Autriche, à Efferdingen.

Du reste, au point de vue artistique, le palais est encore assez intéressant. Si des merveilles n'y sont pas accumulées, comme ailleurs, il a bon aspect « *moyenâgeux* » avec son corps principal construit à demi en briques et flanqué de cinq tours. La cour est petite, le rez-de-chaussée peu élevé, il n'y a que deux étages, dont le second bien près d'être mansardé, — mais de différentes pièces, telles que la salle à manger, on a un coup d'œil admirable sur la pièce d'eau de 40 hectares, semée d'îles, tout enveloppée, en septembre, d'une brume qui s'élève lentement, accrochée par lambeaux aux arbres séculaires. — Joies des gens qui goûtent la campagne pour y avoir longtemps vécu.

L'origine de ce château est très ancienne. Il appartint

d'abord aux comtes de Toulouse; François Ier y mourut; Julie d'Angennes l'habita. Il a été très peu modifié et, pour sa part, en s'y installant, M. Félix Faure a seulement fait meubler la salle à manger, ornée de boiseries admirables, un cabinet de travail, deux salons, quelques chambres à coucher.

Il n'est là qu'en « déplacement », réellement. Et il s'y donne « du mouvement ». Les photographes qui l'ont guetté en savent quelque chose...

Le Havre. — Le salon de la villa.

Phot. Boyer.

VII

Une journée du Président.

On a fait plusieurs fois ce chapitre d' « une journée du Président », et invariablement on l'a commencé ainsi : « Quel est le citoyen français qui ne rêverait d'habiter un palais, de ne recevoir que des ambassadeurs, des ministres et des gens huppés, d'être toujours et partout le premier et de toucher pour cela 1.200.000 francs par an ? Hélas ! cette situation si en vue n'est, en réalité, qu'un esclavage doré. »

Ce cliché a besoin de quelques retouches et, tout au moins, le mot d' « esclavage doré » est loin de correspondre à la réalité ; il faut se garder de s'extasier, comme on prétend que le font tous les Français, sur l'indemnité annuelle que touche M. le Président de la République. Ces 1.200.000 francs, qui chargent la part de chaque contribuable de trente-trois centimes par an environ, sont alloués au Président moitié à titre personnel, moitié à titre de représentation, et, sans pouvoir, ainsi que le disent les gens du peuple, « compter avec eux », on est en droit de croire que ces sommes suffisent à peine à l'entretien des Présidents de la République.

Sans doute, M. Grévy fit des économies, il acheta des maisons et laissa à sa fille un peu mieux qu'une honnête aisance, mais la famille de M. Carnot n'est certainement pas plus riche, si ce n'est moins, qu'à son entrée à l'Élysée; quant à M. Casimir-Perier, on a imprimé dans les journaux que ses six mois de pouvoir lui ont coûté 200.000 francs de son avoir personnel; il agissait toujours en grand seigneur et acquittait de ses deniers quantité de dépenses qu'il aurait pu attribuer au chapitre des réceptions. Enfin, il est probable que M. Félix Faure agit de même, car il est généreux, et on a vu qu'à sa descente du train qui l'amenait de Versailles, il avait immédiatement fait remettre 500 francs aux employés qui l'avaient conduit. Ce n'était qu'un début; le lendemain, il envoyait 20.000 francs à l'Assistance publique de Paris, 500 francs au bureau de bienfaisance des cinq ports militaires, 200 francs au bureau de bienfaisance des ateliers de la Marine, 15.000 francs au bureau du Havre, etc. Et ce n'était pas la fin. Depuis lors, le Président n'a presque jamais quitté le palais de l'Élysée, pour une inauguration ou une cérémonie publique, sans que le compte rendu mentionne à la fin un don de quelque importance. Au bout de l'année, cela doit faire un fort total et les 1.200.000 francs en sont quelque peu écornés. Ce n'est donc pas le « richard » que les Français peuvent envier en la personne du Président de la République!

Par contre, il n'est nullement prouvé que M. Félix Faure soit « à l'attache » et que son existence ne puisse sembler après tout très enviable; mais c'est parce qu'il a su l'organiser, y conserver une indépendance relative, et surtout parce qu'il est doué d'une force incroyable de résistance. Sauf à l'occasion de son récent voyage à Nice, on n'a jamais dit qu'il ait été malade depuis son arrivée à l'Élysée, et pourtant il accumule fatigues sur fatigues et les supporte avec une énergie extraordinaire. Il a eu l'art et la force de réserver une part à la vie intime dans sa vie officielle, et à certaines heures il se reprend en quelque sorte, en redevenant tout simplement « M. Félix Faure », et en bannissant, semble-t-il, avec une remarquable aisance d'esprit, les préoccupations de son rôle officiel.

Le Président est, par exemple, très matinal, et tous ceux qui ont travaillé avec lui, ses secrétaires et ses amis, l'ont appris à leurs dépens, comme on l'a dit de M. Thiers. Rue de Madrid, il donnait des rendez-vous de 6 heures du matin à 8 heures, et, à ces heures peu familières aux Parisiens qui se lèvent volontiers tard, on le trouvait dans son cabinet de travail, préparant des rapports en fumant une courte pipe. A l'Élysée, il est debout tout aussi tôt et, si l'on connaît le palais, on peut apercevoir à 6 heures du matin, l'hiver, au coin de la rue de l'Élysée, des fenêtres brillamment éclairées; ce sont celles des appartements particuliers du Président, de sa chambre à coucher où il s'habille rapidement, après avoir pris — nous ont dit maints historiens de ses voyages — une immersion d'eau glacée, le *tub* des Anglais, qui le suit jusque dans ses déplacements et que l'on dut installer à bord du cuirassé qui l'emmena en Russie.

Cette chambre à coucher du Président est d'aspect fort simple. On affirme, d'ordinaire, qu'il en est ainsi de toutes les chambres d'hommes en vue, et que ceux-ci éloignent volontairement de leur *home* tout ce qui pourrait éveiller dans la curiosité publique des idées de mollesse et de farniente. C'est possible ; admettons cette petite manie « d'homme en vue », encore qu'une chambre à coucher soit un lieu assez éloigné des indiscrets ; mais, pour M. Félix Faure, on peut l'expliquer aussi, très vraisemblablement, par une fidélité qui ne coûte rien, à des habitudes de jeunesse austère, de premières années tout entières vouées au travail dans l'atelier ou le bureau. En tous cas, voici, dans la chambre à coucher du Président, le traditionnel lit de fer, presque le lit de campagne des « grands capitaines », le lit aux pommes de cuivre. Auprès, une chaise longue, deux ou trois fauteuils ; sur la cheminée, une pendule bourgeoise avec des flambeaux également bourgeois ; au mur, une tenture sombre et dessus une dizaine de cadres qui contiennent des portraits intimes, ceux de Mme et de Mlle Lucie Faure, etc... C'est bien la chambre d'un homme matinal.

Aussitôt habillé, le Président passe dans un de ses cabinets de travail ; cette pièce, située sur le jardin, est meublée, non pas avec recherche, mais avec un goût sobre, ornée au mur de portraits, parmi lesquels on remarque celui du tsar Alexandre III. M. Félix Faure retrouve là, dès cette heure, soit une des personnes de sa maison civile avec laquelle il travaillera aussitôt, soit l'officier de semaine qui vient prendre ses instructions.

Le Président est beau cavalier, depuis longtemps il monte à cheval et aime les chevaux; avec raison, il ne s'est pas cru obligé, parce qu'il était mis à la tête des affaires du pays, de se priver d'un sport où il excelle; il a donc dans ses écuries de très belles bêtes de selle qui sont confiées, comme le reste de ses équipages, au piqueur Montjarret, cet important personnage qu'il a trouvé dans l'héritage de M. Casimir-Perier et qui fit rire tout Paris, le jour où on l'aperçut pour la première fois dans son costume archaïque et coquet, le couteau de chasse sur la cuisse, en avant d'une superbe daumont. Depuis, on s'y est habitué, et, la popularité du maître y aidant, on lui trouve grand air!

S'il fait beau, si seulement le temps est supportable, le Président décide de faire un tour au Bois avec l'officier plus spécialement chargé de la direction supérieure de sa cavalerie et de ses chasses, M. le commandant de La Garenne, qui est, lui aussi, un cavalier consommé. Le départ du palais se fait sans solennité : le pioupiou de garde présente les armes et le Président prend place avec le commandant de La Garenne dans un coupé attelé d'un cheval qui file aussitôt vers l'Arc de Triomphe et s'arrête au rond-point des cavaliers, dans une contre-allée de l'avenue du Bois. Là, se trouvent Montjarret et un groom qui tient en main le cheval favori du Président, un bel alezan. Quelquefois, outre le commandant de La Garenne, le général directeur du cabinet militaire, le général Tournier ou le général Hagron maintenant, accompagne également le Président, et tous trois, le Président un peu en avant, le groom très loin derrière, sur un cheval donné par l'Empereur du Maroc, s'enfoncent au petit trot dans le Bois, qu'ils parcourent en tous sens.

Il est fort amusant, au printemps, de croiser ou de suivre à distance ce groupe présidentiel; c'est la distraction des bicyclistes des deux sexes qui, à cette époque de l'année, sont « chez eux » au Bois. Le Président a une belle tenue de cavalier, bien en selle, d'allure élégante et encore souple; il paraît prendre un

Phot. Bayer.
Le Havre. — A travers champs.

plaisir extrême, très visible, à cette promenade sans trop d'étiquette — on est tenté d'écrire à cette « ballade » — qui le mène de ci, de là, dans les petites allées sombres, au gré de sa fantaisie. Il sourit même quelquefois — cela s'est vu

Le Havre. — Chambre à coucher du Président.

— en apercevant des bicyclistes, jupes et culottes, qui se sont donné rendez-vous pour pédaler à perdre le souffle et qui, l'ayant perdu ou non, se sont tranquillement assis à son approche. Il doit rencontrer là, souvent, dans ses escapades, des personnages qu'il connaît bien — et non des moindres, peut-être. Certains, embarrassés, comme en bonne fortune (et c'est fréquemment le cas), tournent ou baissent la tête; d'autres, prenant bravement leur parti et comptant sur l'indulgence du Président, se lèvent brusquement, poussant du coude leur compagnon en jupe qui se lève aussi; tous deux saluent gauchement, avec un sourire effaré, auquel répond un clignement d'yeux malin. Puis, un temps de galop, le Président est passé... Plus loin, il est accueilli au détour d'une allée par le retentissant « Vive Félix Faure! » d'un faubourien, ou d'un va-nu-pieds qui a passé la nuit sous la feuillée; l'alezan a fait un écart, vite ramené d'une main ferme, et voilà le Président à son endroit favori, à Bagatelle, où manœuvre la cavalerie. Le Président est pris là par sa passion des exercices militaires, qu'il étudie toujours avec intérêt; longtemps, il regarde évoluer les escadrons, il commente les manœuvres avec ses officiers d'ordonnance; quelquefois, il échange quelques mots et compliments avec un des officiers supérieurs qui dirigent ces exercices et qui est venu lui présenter ses respects, puis, après une dernière chevauchée, souvent jusqu'à Suresnes, les cavaliers reviennent au rond-point, où le même coupé attend M. Félix Faure et le ramène à l'Élysée; il est 9 heures : dans Paris, bien des gens songent à se lever.

Maintenant c'est le Président de la République qui, après avoir prestement changé de costume, entre en scène; de 9 heures à 10 heures chaque jour, le Président dépouille la correspondance privée et officielle dans son cabinet du rez-de-chaussée, auquel sont attenants ceux de MM. le général Hagron et Le Gall, directeur du cabinet civil. Le courrier, déjà débarrassé du reste de toutes les lettres qui ne paraissent présenter qu'une minime importance, est très considérable; il comprend notamment tous les projets de lois et de décrets soumis à la signature et les demandes d'audience émanant de hauts personnages, des requêtes de toute espèce. Le Président examine tout en détail et ne laisse rien à l'imprévu; il se fait exposer toutes les affaires et ne donne sa signature qu'à bon escient. A 10 heures, la première partie de la besogne présidentielle est terminée; deux fois par semaine, les lundi et jeudi, il y a réception ouverte, c'est-à-dire sans lettres d'audience, pour les ministres, les ambassadeurs et conseillers d'État, les procureurs généraux, les généraux, les archevêques, évêques, hauts magistrats, etc. Pour le « commun », il faut, quelques jours auparavant, écrire au directeur du cabinet civil ou au secrétaire général de la Présidence, et à son tour d'inscription on est introduit dans le cabinet du Président, dont l'abord est très affable, avec juste la réserve qui convient mais qui est mitigée par une très visible attention de l'exposé de l'objet de la visite. On voit tout de suite que M. Félix Faure écoute, et qu'il désire savoir exactement ce dont il s'agit; souvent il arrive qu'il possède aussi bien que son visiteur la question traitée, et c'est surtout dans les questions coloniales, maritimes et militaires qu'apparaît son extrême sûreté de documentation personnelle. Mettez-le, par exemple, sur la question d'Afrique, et vous verrez qu'il est peu de personnes, même dans le monde des explorateurs, qui la possèdent aussi bien.

Au reste, dans sa bibliothèque, où souvent le matin vient s'enfermer le Président avec ses livres, les affaires coloniales tiennent une place importante : on y trouve les ouvrages de MM. Paul Leroy-Beaulieu sur *la Colonisation chez les peuples modernes*, les ouvrages de MM. de Lanessan, J. Ferry, Rocher, Chailley-Bert, Henri d'Orléans, etc., sur le Tonkin et l'Indo-Chine; ceux de Camille Rousset, Burdeau, Hugues Le Roux sur l'Algérie, de d'Estournelles sur la politique française en Tunisie, d'Aubanel et de Cadot sur Madagascar, de Reveillaux sur le Canada, de Stanley sur le Congo, de Moser sur l'Asie centrale, etc., etc.

En dehors des jours d'audience, deux fois par semaine, les mardi et samedi, M. Félix Faure préside le Conseil des ministres, dans la matinée également; on connaît la physionomie de ces séances tenues autour d'un tapis vert, le Président du Conseil étant assis en face du Président de la République et les ministres au hasard ou selon leur préférence. Elles se prolongent jusqu'à midi ou midi et demi; on n'en apprend pas le détail; une note est communiquée aux journalistes, au ministère de l'Intérieur, par les soins de M. Barthou, accueillant, cordial, très « Parisien »... mais réservé. Elle indique seulement les points principaux de la délibération; il est rare que des indiscrétions soient commises et l'on peut même assurer — c'est passé en axiome dans les journaux — que lorsque la note dit simplement « que le conseil s'est occupé des affaires courantes », la discussion a été assez vive et a porté sur des questions considérables. On ne sait la résolution prise que plus tard, avant ou pendant une séance de la Chambre. Il est donc difficile d'indiquer dans ces conditions quels sont le rôle et l'attitude du Président au conseil des ministres.

On peut seulement noter, d'après la succession des événements politiques depuis 1896, que M. Félix Faure paraît se tenir exactement, à la lettre, dans les limites du programme qu'ont tracées son allocution au Parlement après son élection et son message présidentiel. Il a compris son personnage comme celui d'un arbitre supérieur des querelles des partis et il entend ne pas laisser deviner, par une orientation de la politique du pays, son opinion personnelle. Il est même resté si fidèle à cette conception, que son premier soin, on se le rappelle, a été d'appeler à l'Élysée, pour former son premier ministère, M. Léon Bourgeois, qui paraissait désigné pour le pouvoir par les incidents parlementaires qui amenèrent la chute de M. Casimir-Périer. A ce propos, les républicains modérés rappelèrent assez vivement à M. Félix Faure qu'étant simple député, il avait prononcé au Havre son principal grand discours politique, dans lequel, précisément, il repoussait cette concentration dont M. Léon Bourgeois était l'apôtre. Mais M. Félix Faure ne s'en émut pas et quand, plus tard, M. Bourgeois put enfin, cahin-caha, former un ministère, il le soutint jusqu'au jour où le Sénat le mit en minorité. Alors M. Félix Faure (suivant le « jeu régulier de nos institutions »), se retourna du côté des modérés et appela M. Méline à la présidence du conseil. Deux ans se sont écoulés depuis lors, et on n'a pas ouï dire que la bonne entente ait été troublée entre Président et ministres.

De même, dans les récentes affaires qui viennent d'agiter si vivement l'opinion, M. Félix Faure a réussi à demeurer à l'écart de toute agitation et nul n'a pu citer de lui, à bon droit, un mot qui décelât son avis propre, bien que la lettre de M. Zola lui fût adressée et qu'il eût pu, dans un mouvement d'expansion ou d'humeur, laisser échapper une phrase qui aurait éclairé le public sur sa conviction ou sur ses vœux. Vainement a-t-on essayé, par quelques notes dans les journaux où il était mis directement en cause, d'appeler un démenti de propos ou d'actes significatifs, tel que l'envoi de félicitations au général de Pellieux. Tout ce qu'on est en droit de croire, c'est que ses sympathies étaient, d'une façon générale, pour l'armée, car il témoigne à celle-ci un intérêt très vif, qu'il montre en assistant à toutes les revues ou exercices militaires, même des moins importants, en présidant les séances du conseil supérieur de la guerre, en recevant, le plus souvent possible, les généraux de passage à Paris. Pour le reste, M. Félix Faure veut être, dans toute la force du terme un peu banal, « le gardien fidèle et vigilant de la constitution ».

Et, jusqu'à ce que cette constitution ait été changée, on ne peut que l'en louer.

Un seul jour de la semaine, il n'y a ni réception, ni conseils : c'est le mercredi : ce jour-là, M. Félix Faure pourrait prendre un peu de repos, mais c'est la dernière des choses à laquelle il songe ; il consacre cette matinée, régulièrement, à des visites d'hôpitaux, d'établissements de bienfaisance, de casernes, etc..., et partout il laisse l'impression réconfortante de quelques paroles, simples et cordiales, qui le montrent intéressé par tout ce qu'il voit, ému souvent par les misères humaines qui s'étalent devant lui.

Le Président déjeune toujours à l'Élysée ; assez souvent, il déjeune en famille, c'est-à-dire avec Mme et Mlle Félix Faure, avec M. et Mme Berge et leur fils. Ce dernier est un gentil enfant, — M. Jacques, — âgé de cinq ans ; il joue assez souvent dans le jardin de l'Élysée avec son grand-père qui, alors, n'est pas « Président » du tout.

Le déjeuner en famille est assez rapide, encore que ce soit peut-être pour le Président un des meilleurs moments de la journée, celui où il se retrouve absolument son maître ; mais très souvent aussi le Président retient à déjeuner des amis ou quelqu'un des personnages qu'il a reçus en audience ou qu'il a honorés d'une invitation spéciale. Dans ce cas, l'officier de service, des membres de la maison militaire et civile, assistent au repas qui, confortablement et correctement servi, dure une heure ; après quoi, le Président et les invités passent au fumoir, car M. Félix Faure a introduit à l'Élysée le cigare et même la pipe, qui n'avaient pas le droit d'entrée sous M. Grévy ou M. Carnot.

A 2 heures, reprise de la tenue officielle : le Président reçoit les ambassadeurs qui lui remettent des lettres de créance, des princes, qui sont les hôtes de Paris, ou, accompagné du secrétaire général de la Présidence, il rend à ceux-ci leur visite. Quelquefois encore il préside une inauguration d'exposition de beaux-arts, généralement au profit de souscriptions pour des statues de grands artistes, ou bien encore il visite les Salons et les Salonets de cercle, les expositions particulières, où il fait preuve de curiosité pour les choses d'art. Enfin, il fait un tour de promenade à pied dans les Champs-Élysées.

Quelques audiences encore, plus particulières celles-là, achèvent l'après-midi, et pour la troisième ou quatrième fois, peut-être, après le dîner, M. Félix Faure change de costume et revêt l'habit : il faut que le Président reçoive lui-même ou paraisse dans tel bal, Saint-Cyr, Polytechnique, l'École Centrale, l'Hôtel de Ville, où il est toujours chaleureusement accueilli. Il arrive aussi que le Président désire connaître une pièce nouvelle et assiste à une première représentation, mais il ne choisit que les théâtres que le Protocole doit appeler du « genre noble » ; tout au plus l'Odéon trouve-t-il grâce devant sa sévérité et on a considéré comme exceptionnelles les soirées qu'il a passées, l'une au Vaudeville, l'autre à la Porte-Saint-Martin. Dans ce dernier théâtre, il applaudit le *Du Guesclin* de M. Déroulède, mais cela n'a pas porté bonheur à l'auteur...

A minuit enfin, le Président peut regagner ses appartements privés, les portes de l'Élysée se referment.

« Esclavage doré? » Non. Mais rudes fonctions, tout de même...

Le Havre. — Mlle Lucie Faure dans le parc.

Phot. Boyer.

VIII

Réceptions et fêtes.

Nous voici en plein domaine du Protocole. Aimez-vous cette « institution séculaire » ? On en a mis beaucoup, presque partout, dans notre République. Ses défenseurs disent qu'elle est indispensable, qu'elle continue — c'est évident — la tradition des maréchaux de cour, des grands seigneurs qui réglaient l'ordre des petits levers, veillaient à la répartition des tabourets, qui indiquaient à qui revenait l'honneur de faire le whist du souverain ; — on dit malicieusement que, dans quelques familles aristocratiques qui ont l'honneur de recevoir le Président de la République, cette dernière coutume aurait subsisté ; — mais c'est le seul, des actes incriminés plus haut, qui ait eu la vie si dure et, vraiment, même réduit comme il est, aux proportions d'une sorte d'intermédiaire entre le chef d'État et ses visiteurs, couronnés ou non, le Protocole est bien considérable. Le temps, qui arrange tout, le balayera sans doute et fera qu'un ministre plénipotentiaire de France, tel M. Philippe Crozier, ne sera plus obligé de frayer chemin à un cortège, gourmandant les huissiers et écartant la foule. « A la Maison-Blanche, soupireront de vieilles barbes républicaines, les Présidents des États-Unis ne sont pas protégés par tant de dorures ! » Soit, mais les États-Unis ne sont pas, comme la France, un État essentiellement traditionnel. Quand on nous livre à nous-mêmes, nous protocolons. Est-ce que M. le directeur de l'Opéra ne va point, les jours de gala, chercher le Président avec un flambeau à la main ? Le lui a-t-on ordonné ? Nous l'ignorons ; — en tout cas, il a pu retrouver cette prérogative dans les cahiers des charges, — les vieilles charges ! — et il en use. Ainsi du reste. Protocolons donc, en attendant une modification des mœurs présentes.

Et à l'Élysée, en conséquence on protocole... Ce service compte cinq ou six attachés, un directeur, un sous-directeur ; il a pour attributions, outre la représentation en public, en tête des défilés de ministres, le règlement de toutes les questions d'étiquette que comportent l'échange des correspondances, la désignation des places dans les cérémonies, le respect des formules de toute sorte... Et ce n'est pas une petite affaire, paraît-il ; un rien suffit pour égratigner le Protocole.

On raconte qu'il y a quelque temps, un soir où les ministres étaient invités à dîner à l'Élysée, l'un d'eux se trouva indisposé ; tout naïvement il empoigna son téléphone et, par ce moyen ultra-moderne, prévint qu'il ne pourrait assister à la fête ; les palmes d'or se hérissèrent sur les habits du Protocole et il fallut une heure d'échange de courriers, contre-courriers, etc., pour réparer la gaffe ministérielle!

Le Protocole ne sévit pas heureusement sur les réceptions de Mme Félix Faure, qui reçoit tous les samedis, dans son salon du premier étage, dont elle fait les honneurs avec beaucoup d'affabilité, à un très grand nombre de visiteurs. Le Protocole épargne également les réceptions particulières que tous les mercredis soir le Président donne, de 5 à 7, à ses amis du Parlement, réceptions où règne une agréable cordialité, mais on retrouve les redoutables broderies dans toutes les autres circonstances où le Président se montre en public, sauf encore dans ses visites aux hôpitaux, aux casernes, aux expositions, où il n'est accompagné que du général Hagron ou de M. Le Gall.

A part cela, dîners et fêtes sont réglés très minutieusement. On donne à l'Élysée six ou sept grands dîners de cent dix couverts par an; les uns, aux bureaux des Chambres, aux officiers généraux, etc., les autres, aux artistes, littérateurs, gens de lettres, à l'approche des Salons. Il y a, d'autre part, deux bals chaque année. C'est l'occasion d'un grand remue-ménage à l'Élysée; on en modifie tout le rez-de-chaussée, pour y installer des vestiaires, et l'embarras que causent ces constructions se prolonge, pour les habitants du palais, pendant près de six semaines.

On lance, pour chacune de ces fêtes, sept ou huit mille invitations, qui sont adressées de plein droit dans les ministères, dans les états-majors, les grandes administrations judiciaires, financières, etc. ; il faut y ajouter une certaine quantité d'autres invitations, accordées sur demande expresse, souvent apostillée par un député, un sénateur. Les unes et les autres arrivent à domicile, contre reçu du concierge, et portent, avec la mention : « strictement personnelle », cette note « que l'on doit expressément les renvoyer si l'on n'en fait soi-même usage ». C'est une précaution très sage qui a été prise pour éviter que ces bals de l'Élysée eussent plus longtemps l'aspect de bals de l'Hôtel de Ville qu'ils ont eu sous M. Grévy; celui-ci fut attristé, on s'en souvient, par la fameuse manifestation des cravates rouges.

En fait, grâce au tact déployé par M. le colonel Ménétrez, par M. Le Gall et M. Blondel, qui ont la charge d'organiser ces fêtes, celles-ci ont fort bon aspect; on y rencontre bonne compagnie, et si les toilettes des dames ne sont pas toutes très riches, si l'on aperçoit çà et là deux ou trois robes montantes qui s'expliquent difficilement, du moins l'ensemble des invités a de la tenue, et les salons, bien décorés, ornés de plantes et magnifiquement éclairés, offrent, de 11 heures du soir à 4 heure du matin, un amusant et joli spectacle.

On sait trop, pour qu'il soit nécessaire d'y insister, quel est le cérémonial de ces bals; je rappellerai simplement qu'après avoir stationné assez longtemps dans des voitures qui prennent la file, sur trois rangs, dans les Champs=Élysées (et ce stationnement dure une heure en moyenne pour le simple bourgeois qui n'a pas de coupe-file, les ambassadeurs, les parlementaires, les journalistes, etc.;

passant les premiers), on pénètre dans les vestiaires où, maintenant, toutes les mesures d'ordre sont admirablement prises. On remet ensuite son invitation à un huissier, qui dévisage chacun avec un soin scrupuleux; il n'est pas rare de voir faire demi-tour à des personnes qui ont emprunté des cartes et qui se sont troublées devant une question discrètement posée. Cet examen subi, on attend son tour d'entrer, sur les marches de l'escalier, et enfin, une longue file de couples s'engage dans les salons, à l'entrée desquels un huissier jette les noms d'une voix retentissante. Bien des jeunes dames éprouvent à ce moment une hésitation assez amusante : feront-elles un salut de cour? Comment se présenteront-elles? C'est pourtant assez aisé; il est vrai que le Président est là, debout, ayant auprès de lui Mme et Mlle Félix Faure, puis tout son état-major civil et militaire, mais il a une contenance aimable, point raide du tout, et son sourire ou sa poignée de main tendue spontanément, s'il connaît les invités, rassure vite les plus timorés. Il suffit, si l'on n'a pas l'honneur d'être en relations avec lui, de s'incliner et de passer rapidement. Jusqu'à 11 heures et demie le Président voit ainsi défiler cinq ou six mille personnes; à ce moment il se rend dans le salon réservé au corps diplomatique, où se forme un cortège comprenant : ministres, ambassadeurs, etc., qui parcourent tous les salons du rez-de-chaussée. La fête est alors, comme l'on dit, « dans son plein », c'est-à-dire que l'on s'écrase au buffet et qu'une température de 45 degrés règne dans la salle de danse, mais on peut trouver un peu de fraîcheur et des aperçus de vie parisienne pittoresques en s'écartant de cette étuve et en parcourant, dans l'aile gauche, les appartements du premier étage où, vers 1 heure et demie du matin, on sert, dans la salle à manger privée, un souper debout qui, pour quelques-uns, n'est pas le

L'Élysée. — La petite salle à manger.

moindre attrait de la fête. Celle-ci ne se termine que vers 3 heures ; depuis longtemps déjà le Président s'est retiré chez lui ; mais on assure que le lendemain, comme d'habitude, il est dans son cabinet à 6 heures.

En fait d'autres réceptions curieuses qui ont lieu à l'Élysée, il faut mentionner les remises de lettre de

L'Élysée. — Un repas en famille.

Phot. Courtellemont.

créance des ambassadeurs, qui ne varient jamais : elles ont lieu l'après-midi vers 3 heures : une escorte va chercher à domicile le nouveau représentant du souverain étranger; elle l'amène au palais, où le Président l'attend dans un salon du rez-de-chaussée; deux allocutions sont prononcées, puis après une courte conversation entre M. Félix Faure, les diplomates et les ministres présents, l'ambassadeur est reconduit aussi solennellement par un peloton de cuirassiers ou de dragons.

Dans le même genre et avec plus de cérémonial encore il faut rappeler les remises de barrettes cardinalices, qui se font le matin.

Les landaus de gala, conduits par des cochers en culottes courtes et bas de soie, vont prendre à leur hôtel le Nonce apostolique et sa suite, et les nouveaux cardinaux, qu'accompagnent un ablégat, un garde-noble et le secrétaire de l'ablégat. Un bataillon d'infanterie, musique en tête, est rangé dans la cour de l'Élysée, toute remplie des brillants uniformes des officiers de la maison militaire en grande tenue. Le Nonce est conduit, avec son entourage, dans un salon d'apparat où il salue le Président de la République, le Président du Conseil, le ministre des Affaires étrangères. Les nouveaux cardinaux revêtent la pourpre dans un petit salon voisin, puis ils se rendent à leur tour auprès du Président, auquel ils adressent le discours d'usage, qui se faisait naguère en latin et qui est maintenant rédigé en français. Le Président répond par quelques paroles « quelconques », puis le cortège se rend à la chapelle et, après l'office, auquel tout le monde a assisté, — dames comprises,

— le Président place lui-même la barrette cardinalice sur la tête du prélat agenouillé devant lui. Enfin, un grand déjeuner est servi et, à 1 heure, les invités sont reconduits avec la même pompe.

Phot. Courtellemont.

L'Élysée. — La salle de billard.

Il reste enfin à noter quelques réceptions qui sont plus agréables que les soirées précédentes, parce qu'elles sont plus « choisies ». Ce sont les dîners suivis de concert, donnés en l'honneur d'un visiteur royal, par exemple, le Roi de Serbie, le Roi des Belges ou le Prince de Bulgarie. On n'y invite que cinq ou six cents personnes, et le programme de la représentation théâtrale, qui a lieu dans la salle de danse, est composé de façon à plaire à nos hôtes illustres, en les traitant comme de vieux Parisiens. C'est ainsi qu'on a pu applaudir, le même jour, à l'Élysée, Mlle Suzanne Reichenberg, que le Prince de Bulgarie déclarait toujours jeune, M. Berr, Mlle Auguez, Rosita Maury et Mlle Cléo de Mérode.

On voit que, malgré tout, il est des accommodements avec le Protocole.

IX

Les chasses.

L'unique distraction d'un Président de la République ne peut être, en dehors des promenades à cheval, que la chasse, car je n'imagine pas qu'on range au nombre des plaisirs les visites aux expositions et les déplacements officiels.

M. Grévy chassait peu, du moins autour de Paris ; il poursuivait pendant les vacances un lièvre problématique dans ses montagnes du Jura, mais c'était une jouissance de solitaire, d'ancien paysan qui décroche son fusil de la charrue. A M. Carnot la chasse ne réussit guère ; elle fut un sujet de plaisanteries sur lesquelles il est inutile de revenir ; M. Casimir-Périer chassait, mais flegmatiquement. M. Félix Faure chasse avec passion.

Quand il n'était que simple député et négociant en cuirs,

le Président aimait à ce point la poursuite du perdreau et du faisan que, ne se contentant pas des chasses du Havre ou de la banlieue parisienne, il se donnait le luxe d'une chasse au Tyrol. Il était venu pour la première fois à

L'Élysée. — Chambre à coucher du Président.

Vienne au mois d'août 1892. Il avait avec lui quelques amis, et M. Camille Barrère, alors ministre de France à Munich, l'attendait à la gare. M. Félix Faure et ses compagnons de voyage descendirent à l'hôtel de l'Archiduc Albert. Ils ne restèrent à Vienne qu'un jour, pendant lequel ils visitèrent les curiosités de la ville. Le lendemain ils partaient pour chasser. M. Félix Faure, l'année suivante, affermait, avec le comte de Montebello, MM. Camille Barrère, de Kerjégu et quelques autres amis, une chasse très étendue située sur le territoire du village d'Efferdingen, près

Phot. Courtellemont.

L'Élysée. — Petit cabinet de travail du Président.

de Wels, dans la Haute-Autriche. Ils vinrent à Efferdingen deux fois dans le courant de cette année-là, et chassèrent chaque fois pendant dix jours.

Pendant leur séjour à Efferdingen, M. Félix Faure et ses compagnons habitaient la modeste auberge du village, où le Président de la République, assis dans la salle commune, savourait une chope. La première chasse à Efferdingen eut lieu au mois de septembre 1893. La seconde eut lieu au mois de décembre de la même année. M. Félix Faure se montrait toujours gai, plein d'entrain. Deux ou trois fois, pendant son séjour, il fit de petites excursions dans le Salzkammergut. Il en revint enchanté.

Au mois de décembre 1893, au cours d'une chasse au perdreau, il fit part de son intention d'amener avec lui, l'année suivante, sa fille pour lui faire voir le Tyrol, le Salzkammergut et Vienne.

Au mois de septembre de l'année d'après, les chasseurs français, fidèles au rendez-vous, se trouvaient réunis tous à Efferdingen. Seul, M. Félix Faure manquait. Ses devoirs de ministre de la Marine l'empêchaient de venir. Il avait déclaré toutefois à M. de Kerjégu qu'il comptait venir au mois de décembre, persuadé qu'il était que le ministère dont il faisait partie serait renversé à cette époque.

Cette assurance du ministre de la Marine provoqua les rires de ses compagnons. Décembre vint et le ministère était toujours debout. M. Félix Faure, retenu par ses devoirs, manqua de nouveau au rendez-vous. Et depuis... il n'en fut naturellement plus question.

Actuellement, M. Félix Faure a toute facilité pour se livrer à son sport favori, et il n'y manque pas : depuis l'ouverture, c'est-à-dire depuis le commencement de septembre, jusqu'aux derniers jours de janvier, quelque temps qu'il fasse, tous les dimanches, le Président chasse, et souvent même il accepte ou il fait des invitations en semaine, quand il veut avoir pour compagnon un prince ou une altesse royale de passage à Paris. C'est donc, l'hiver, dans l'histoire du Président, une rubrique spéciale que les journaux doivent avoir et que l'Agence Havas alimente régulièrement en faisant connaître les noms et qualités de tous les invités, avec le compte rendu du tableau.

Ces invités sont, chaque année, les mêmes, il y a pour cela un protocole comme pour les réceptions diplomatiques ; tout est minutieusement réglé ; en plus de quelques amis personnels qui forment une série à part, sont conviés tour à tour : les membres du bureau des parlements, les amiraux, les généraux commandants de corps d'armée, les conseillers à la Cour de cassation, les conseillers d'État, les membres de l'Institut, etc. Le secrétaire général de la Présidence se joint généralement à eux, avec M. le commandant de La Garenne, qui, aidé d'un inspecteur des forêts, dirige la chasse.

C'est à Marly et à Rambouillet que ces déplacements ont lieu, par train spécial. A Marly surtout, la chasse est merveilleuse ; elle s'étend de Louveciennes à Saint-James, sur une douzaine de kilomètres, mais on a spécialement aménagé depuis longtemps des tirés, dits tirés de Marly, où tout le gibier est en quelque sorte concentré ; ils forment un anneau de bois à demi rasés, tenus très bas, qui entoure le « Trou d'Enfer ». Une douzaine de gardes y exercent une surveillance incessante et renouvellent le gibier, qui consiste principalement en faisans, lapins et chevreuils ; on trouve peu de perdreaux, une douzaine tout au plus par battue. Le centre d'élevage pour le renouvellement de ce gibier est à Rambouillet, où l'on fait pondre des faisanes et où l'on élève les faisandeaux.

Les tirés sont coupés par une vingtaine de *layons* ou sentiers très découverts dont chacun est attribué à un invité ; au milieu se trouve le layon du Président, derrière lequel, comme derrière toutes les autres personnes, se tiennent un valet de pied qui recharge les fusils et un garde qui pointe le gibier tué.

Le Président est ce que l'on nomme un « beau fusil » ; on voit qu'il chasse pour le plaisir de chasser, tout entier à cette occupation, sans autre souci. Il est vêtu d'ordinaire, assez simplement, d'un costume du genre anglais avec la culotte courte, les bas de laine ; sur la tête, la casquette qui a remplacé le tyrolien. Il se sert ordinairement d'une arme du calibre 16, ou parfois d'un 20 très léger ; il manque très rarement, et, le soir, la moyenne des tableaux est de 500 à 800 pièces ; on en a vu de 1200 ; dans ce total, la part du Président est toujours la plus considérable ; il est généralement « roi de la chasse ». Une bourriche de gibier est envoyée, le soir, à tous les invités et aussi dans Paris à quelques personnalités du Parlement ; on imprime également dans les journaux que des envois de gibier sont faits aux malades des hôpitaux, mais il doit s'égarer chez les directeurs ou les surveillantes, car je n'ai jamais ouï dire (le Président, s'il le sait, doit en avoir regret) qu'un malade en salle commune ait goûté du faisan de Marly. Les surveillantes doivent déclarer que cela ne vaut rien pour lui.

Les chasses de Rambouillet sont absolument semblables à celles de Marly, avec cette différence seule que l'on dîne assez souvent au château.

Enfin, le Président chasse aussi fréquemment aux

Phot. Courtellemont.
L'Élysée. — Mlle Lucie Faure dans son salon.

environs du Havre, et ce sont sans doute les chasses qu'il aime le mieux, parce qu'il les fait en bon bourgeois du pays, tout droit devant lui, avec ses deux chiens, qui sont un setter gordon et, comme retreaver, un très beau braque allemand. Là, il n'y a plus que très peu d'étiquette : le Président part du Havre dans une voiture spéciale, une chaise de poste de couleur jaune à rechampis rouges, et il s'en va chez ses amis MM. Dubosc, Rispal, Latham, puis chez son gendre, M. René Berge. Qu'il pleuve ou qu'il vente, rien n'arrête M. Félix Faure; il chasse comme à vingt ans.

X

La charité.

S'il est un chapitre utile à faire connaître, dans le budget présidentiel, c'est bien celui de la charité. Les « notes aux agences » le passent sous silence, parce que la charité, pour être bonne, doit s'exercer en secret, mais combien de personnes qui connaissent une infortune digne de pitié songent qu'elles seraient très heureuses d'y intéresser, parmi les « généreux donateurs » bien connus, les hôtes de l'Élysée! Elles hésitent, souvent. S'occupera-t-on réellement de leurs protégés et leurs requêtes ne se perdront-elles point dans l'amas de papiers de toutes sortes qui s'entasse dans les cartons? A ces personnes, quelques indications précises rendront certainement service. Il est vrai qu'elles auront aussi peut-être pour effet d'accroître le nombre de demandes de secours adressées à M. le Président de la République, mais cette tâche n'effrayera assurément personne dans le palais de l'Élysée.

Donc, on est toujours certain de trouver, rue du Faubourg-Saint-Honoré, un accueil bienveillant si on y recommande quelque pauvre. Il y a pour cela, non seulement des crédits prévus, — et sans limite presque, —

Phot. Courtellemont.

L'Élysée. — Le salon de Mme Faure.

mais aussi un bureau spécial où l'activité n'est pas moins grande que dans les autres. C'est, au rez-de-chaussée, à côté du cabinet de M. Blondel, une petite pièce où, sur une longue table, entourée de bibliothèques et de cartons, sont disposées des boîtes contenant des fiches.

L'Elysée. — M. Félix Faure dans son cabinet de travail.

Phot. Boyer.

Autant de fiches, autant de personnes secourues, et on en compte plus de 20.000. Voici comment elles sont composées et comment on s'en sert :

M. le Président de la République, non plus que Mme ou Mlle Félix Faure, n'a d'œuvres attitrées, auxquelles une subvention régulière soit attribuée annuellement, d'une façon fixe. Sans doute, leur patronage est accordé à quantité de sociétés à la tête desquelles leurs noms figurent comme présidents ou membres d'honneur : Mme Félix Faure est présidente d'honneur de l'Association des Dames françaises et de la Société des Femmes de France ; elle porte également un vif intérêt à toutes les œuvres hospitalières concernant l'enfance et elle rend visite à maints asiles, crèches, etc. ; en les quittant, elle y laisse toujours un souvenir de son passage, de même qu'en entrant, elle se fait accompagner d'un domestique qui porte des joujoux, gâteaux ou vêtements. Mais ce sont là autant de manifestations de charité tout accidentelles, tout éventuelles, peut-on dire ; l'Élysée n'a pas — selon le mot, trop fréquent, des mauvais riches — ses « pauvres et ses œuvres ». Et c'est bien mieux ainsi : l'espoir reste ouvert à tous.

Le plus simple, pour un quémandeur, est d'écrire directement au secrétariat particulier du Président. Une trentaine de lettres de ce genre sont mêlées, chaque matin, au courrier. M. Blondel les dépose dans un carton et les porte à Mme Félix Faure, qui les examine rapidement. On n'écarte guère que celles qui ont trait à des projets chimériques ou insensés, lettres de prétendus savants, d'inventeurs méconnus, qui sollicitent l'aide pécuniaire nécessaire à la réalisation de leurs plans, lettres d'amoureux qui supplient qu'on leur avance l'argent dont ils ont besoin pour « couronner leur bonheur ». Et encore, pour les premières, si elles ont un semblant de sérieux, on ne les déchire point, tout de go; maints « cerveaux fêlés » sont dignes, au moins, de compassion, et si une aumône déguisée ne fait pas avancer d'une ligne la découverte de la pierre philosophale, elle arrive souvent à temps pour empêcher un suicide.

Quant le tri est ainsi achevé, il reste, entre les mains de M. Blondel, une forte liasse de correspondances douloureuses; on les fait tenir au service de la sûreté, qui, immédiatement, procède à une courte enquête. Les noms, adresses, qualités, antécédents, sont relevés et portés sur une fiche, jointe à celles des jours et des mois précédents. Puis, selon les résultats de l'enquête, auxquels peuvent s'ajouter des références particulières, le montant du secours est fixé. On l'envoie à destination par mandat postal ou on glisse sous enveloppe une pièce d'or.

L'utilité de ces fiches n'est pas de former un vain répertoire de la misère parisienne, sous toutes ses formes, pour toutes les classes sociales, et ce n'est point à titre de curiosité qu'on les conserve. Elles permettent d'abord de savoir exactement à quelle époque et comment un solliciteur a été secouru, afin de renouveler les secours, s'il y a lieu — et le fait est très fréquent. En outre, chaque année, à l'approche du premier janvier, les boîtes sont l'objet d'une sorte de travail de « revision » qui corres-

Dans le jardin de l'Élysée.

pond à de nouveaux besoins.

En effet, c'est une tradition élyséenne de témoigner, à ce moment, un intérêt spécial à une catégorie de pauvres qui paraît, à cette date, mériter d'autant plus de compassion parce que les riches s'amusent, échangent des cadeaux et choient leurs enfants. Auprès du poêle et du buffet vides, la veuve de l'ouvrier ou du petit employé perçoit, désespérée, les échos lointains de cette joie générale à laquelle ne peuvent participer ses petits. Aussi, après Mme Carnot, Mme Félix Faure songe à ces malheureuses, de préférence à tous autres, dès que les devantures des boulevards s'encombrent de bibelots coûteux et de chocolats indigestes. Il leur faut, à elles, du pain, des vêtements, des chaussures, un peu d'argent pour jeter un rayon d'allégresse dans la mansarde glaciale. C'est ce qu'on peut appeler *l'œuvre des veuves*. Au lieu de recourir au système de la bienfaisance officielle, qui s'exerçait par l'intermédiaire des mairies, Mme Félix Faure fait rechercher, dans les fiches de l'année, les noms des femmes qui lui ont adressé une supplique, et d'elle-même, sans attendre une nouvelle demande, elle leur fait remettre le nécessaire — et, sous forme d'argent, un peu de superflu.

Ces notes sur la charité présidentielle doivent se compléter par quelques détails sur une œuvre dont Mlle Félix Faure a pris l'initiative, la *Ligue fraternelle des enfants de France*. Elle a été fondée le 8 décembre 1895 ; elle a pour but de créer les liens d'une véritable fraternité entre les enfants, les jeunes gens et les jeunes filles des familles aisées et les enfants pauvres, orphelins ou abandonnés. Elle comprend des membres actifs et des membres honoraires ; on demande aux premiers une cotisation modeste de deux francs ; on leur demande aussi de donner à l'œuvre « un peu de leur pensée et de leur cœur », car il ne s'agit pas uniquement de distribuer des aumônes, de subventionner des asiles, de recueillir des orphelins, sans distinction d'origine ou de religion ; la fondatrice de l'œuvre désire qu'on mette aussi en pratique, chez l'enfance et chez la jeunesse, les sentiments de solidarité, les idées de bienfaisantes initiatives qui se traduiront à l'occasion par un appui moral, par l'envoi de livres, par un échange de correspondances affectueuses. Au surplus, on ne peut mieux faire connaître cette œuvre qu'en reproduisant la conclusion de la très littéraire allocution que Mlle Félix Faure prononça, le jour de la constitution de la Ligue à l'Élysée.

Ce que nous avons de plus précieux à donner est toujours ce qui vient de notre cœur ; c'est toujours avec le cœur, bien plus qu'avec les fonds, qui ne sont pourtant pas à dédaigner s'il s'agit de charité, que se sont créées les grandes belles œuvres, pour l'amour de Dieu et pour l'humanité. C'est de sentir le fraternel intérêt d'un cœur qui leur ressemble que doivent avoir besoin tant de cœurs d'enfants, de pauvres petits cœurs isolés ! En donnant de l'argent, on donne un peu de bien-être ; en donnant de son cœur, on donne de la joie ; il n'est pas de plus grande solidarité que celle du bonheur, et l'on ne peut en donner sans en recevoir soi-même. Sainte Élisabeth de Hongrie, sans le vouloir peut-être, nous a laissé une belle maxime ; elle avait distribué de l'argent à beaucoup de malheureux ; le soir venu, des vieillards, des enfants trop faibles, ne pouvaient s'en retourner ; elle leur offrit l'hospitalité pour la nuit. En disant : « Je veux qu'ils aient une belle fête ! » elle leur fit servir un repas et allumer des feux. Ses hôtes ravis chantaient pour célébrer leur bonne chance, et, avant d'aller les rejoindre, Élisabeth, qui les écoutait de sa chambre, murmurait : « C'est bien cela ! Il faut rendre les hommes aussi heureux que possible. » Disons : « Il faut rendre les enfants aussi heureux que possible », et ce possible, accomplissons-le de notre mieux.

Notre Association n'a donc pour but aucune œuvre particulière : elle voudrait seulement envoyer un nouveau souffle, un nouvel esprit d'affection, de tendresse et de charité, avec quelques nouveaux moyens d'action, aux OEuvres déjà existantes qu'elle salue et qu'elle admire.

Ces touchantes paroles ont trouvé écho dans beaucoup de cœurs, et la Ligue, qui a son siège à l'Élysée, est très prospère ; elle a obtenu, en 1897, une médaille d'honneur de la Société d'encouragement au bien.

XI.

L'orateur au Parlement.

Plus que de rechercher, très péniblement, en quelle maison du faubourg Saint-Denis est né le Président, il est intéressant de s'enquérir des qualités d'homme politique qui ont amené M. Félix Faure à la direction des affaires publiques, — car cela n'a pu « se faire tout seul »... Or, cette enquête n'a tenté personne dans la presse. Elle est pourtant instructive, mais elle est longue; elle s'étend sur une période de seize ans. Il est nécessaire, pour la mener à bien, de compulser le *Journal Officiel* jour par jour. — J'y ai été aidé, très obligeamment, par un des journalistes qui connaissent le mieux le Parlement, M. Eugène Ripault. Nous avons étudié là « l'orateur parlementaire », — mais nous ne pouvons dire l'orateur « sous tous ses aspects », car, en vérité, M. Félix Faure n'en eut qu'un, celui d'un *debater*, d'un orateur d'affaires, parlant pour dire quelque chose et le disant nettement, sans phrases.

On ne trouve guère de lui de grands discours politiques

traitant des questions générales, en un langage fait de formules parlementaires, solennel. Il n'a, à notre connaissance, prononcé de harangue de ce genre qu'une seule fois, au Havre, en 1893 (le 4 novembre); mais, cette fois, il a prouvé que, s'il avait voulu donner cette note, il y eût certainement réussi : son discours énonçait un programme de gouvernement qui arrivait à son heure et où l'on remarquait autant de netteté de pensée que de justesse d'expression. J'en citerai un fragment, pour donner une idée de cette « manière oratoire », peu habituelle au Président.

PROGRAMME DE GOUVERNEMENT

... Depuis trois mois, la polémique est ouverte sur la question de savoir quelle est la majorité dans la Chambre nouvelle. Certains affirment qu'elle est radicale : ma conviction, à moi, c'est qu'elle est libérale. Lequel se trompe? Nous le saurons bientôt : les prochains scrutins nous fixeront. Mais, ce que je sais, ce que vous savez comme moi, ce que tout le monde sait, c'est qu'aux élections dernières, partout, en France, du Nord au Sud et de l'Est à l'Ouest, dans toutes les circonscriptions, qu'elles aient nommé un libéral ou un radical, ce qu'a demandé le pays, ce qu'il veut, c'est un gouvernement.

Qu'est-ce donc qu'un gouvernement? Serait-ce une réunion d'hommes venus des quatre points cardinaux de la politique, chacun avec ses traditions et ses tendances, et cherchant à se mettre d'accord en esquivant toutes les questions?

L'accord sera-t-il établi entre eux parce qu'ils auront signé une déclaration fort vague, dont le mérite consiste à ne froisser personne et dans laquelle on cherche à laisser croire à chacun qu'on donne satisfaction à ses opinions?

A tous et à chacun, on promet toutes les réformes désirées, mais à terme, parce qu'on sait qu'un grand nombre de projets ainsi indiqués ne résisteront ni à une étude attentive, ni à une discussion sérieuse. On sait qu'au moment de passer à l'exécution, chacun des membres du Cabinet envisagera d'une façon différente la question qui se pose : de là l'ajournement indéfini de tous les projets et de toutes les réformes. Ne nous souvenons-nous pas de tel ministère radical, composé en majorité d'hommes qui avaient dans leur programme initial des questions restées chères au parti avancé : séparation de l'Église et de l'État, suppression de l'ambassade de France au Vatican, suppression des fonds secrets, impôt sur le revenu? Que sont devenus ces projets quand ces hommes, de bonne foi cependant, ont été au pouvoir? Les ont-ils exécutés? Non, parce que dans le Cabinet se trouvaient un ou deux ministres d'opinions modérées. Et le parti radical n'a pas eu satisfaction. Ne pourrions-nous pas, à un autre point de vue, citer, dans un Cabinet libéral, tel ministre radical faisant capituler ses collègues au sujet de la révocation d'un fonctionnaire? A propos de solidarité gouvernementale, n'avons-nous pas vu quelquefois (pour ne pas dire souvent) un ministre critiquer ouvertement la politique du gouvernement dont il faisait partie?

Et dans l'administration? Dans tel département on soutient la politique libérale; dans le département voisin, c'est la politique radicale. Ici le préfet (je ne parle pas de la Seine-Inférieure), ici, dis-je, le préfet exécute les ordres de son ministre, mais les sous-préfets ont d'autres tendances.

N'avons-nous pas vu nombre de fonctionnaires se préoccuper beaucoup moins du gouvernement au nom duquel ils agissent, que des satisfactions à donner au gouvernement du lendemain? C'est l'anarchie, et c'est ce dont ne veut plus le pays.

Il veut, je le répète, un gouvernement; mais il entend par gouvernement une réunion d'hommes ayant, sinon les mêmes origines, au moins les mêmes tendances, un programme commun auquel, tous, ils apportent leur concours et leur action, loyalement, sans arrière-pensée, pratiquant une politique précise et déterminée que tout le monde comprendra, exigeant des fonctionnaires une attitude droite et loyale.

Si la majorité de la Chambre est radicale, le ministre sera radical : il appliquera une politique radicale. Nous, libéraux, nous serons dans l'opposition, nous combattrons pour nos idées et pour nos doctrines, et le pays jugera. Mais, par contre, si la majorité est libérale, elle a le droit, le devoir d'exiger un Cabinet libéral.

Voilà la vérité politique et c'est bien ce que nous entendons quand nous demandons un gouvernement qui gouverne.

Phot. Courtellemont.
La promenade au Bois.

C'est ce discours que les membres du centre gauche rappelèrent à M. Félix Faure lorsque, nouvellement élu Président de la République, il crut devoir rester fidèle à la fiction constitutionnelle en appelant M. Bourgeois au pouvoir. C'est aussi ce discours, il faut se hâter de l'ajouter, qui contient les principes de gouvernement appliqués, depuis, avec tant de force et de talent, par M. Méline.

Il est curieux encore d'examiner les discours que M. Félix Faure prononça comme tout candidat, pendant la période électorale. Là aussi, sans arriver à la haute éloquence, il disait bien le « couplet de compte rendu de

L'Élysée vu du jardin.

mandat » avec la chaleur désirable. Il employait, pour définir différents points du programme républicain, des expressions caractéristiques, qui étaient alors assez neuves.

Ainsi, le 30 avril 1893, dans un banquet de comité, il étudiait déjà la situation des *ralliés*, et, tout en se refusant à les repousser en bloc, il « disait son fait » à la réaction impénitente qui, dans la Seine-Inférieure, n'a jamais complètement désarmé.

Mais c'est au Parlement, encore une fois, dans les débats sur des lois d'affaires, qu'il convient de chercher les raisons de la situation que M. Félix Faure s'était créée dans le parti républicain, situation solide et non toute de façade.

Dès son entrée à la Chambre (1881), M. Félix Faure prit une part active, prépondérante même, à l'élaboration et à la discussion de toutes les lois où les intérêts respectifs des patrons et des ouvriers étaient en jeu.

LES LOIS OUVRIÈRES

L'une de ces lois passionna — le mot n'a rien d'excessif — M. Félix Faure : nous voulons parler de celle qui est relative à la responsabilité des patrons au sujet des accidents dont les ouvriers sont victimes.

En 1882, plusieurs propositions étaient à l'étude, qui se rapportaient à cette question. La commission chargée de cette étude, au lieu de fondre les différents projets, les avait examinés et rapportés à part. Et, au mois de mai, elle faisait mettre en discussion une proposition qui, loin de donner une satisfaction aux désirs de l'ouvrier, substituait un mal à un autre, accordant bien à l'ouvrier, victime de l'accident, une indemnité, mais après épuisement de diverses juridictions, et au bout de longs mois. Et l'indemnité, trop souvent, devait être dérisoire.

M. Félix Faure, intervenant dans la discussion, employait

le premier, à cette occasion, le terme « risque professionnel » qui a conquis aujourd'hui ses lettres de grande naturalisation ; il disait, à la tribune, en rappelant qu'il était l'auteur d'un projet sur la matière :

Nous voulons éviter que l'ouvrier ne se trouve aux prises avec des spéculateurs qui profitent de son ignorance ou de sa faiblesse.
Comme l'a très justement fait observer M. le Rapporteur tout à l'heure, les moyens d'action de l'industrie sont aujourd'hui essentiellement différents de ce qu'ils étaient précédemment, et il ne suffit pas d'amender un article du code pour arriver à prévoir les nécessités nouvelles du travail. A des risques nouveaux, il faut une loi nouvelle, et, en conséquence, il faut faire ce qu'ont fait les pays voisins quand cette question s'est présentée devant eux. Il faut l'étudier dans son ensemble.

La Chambre se laissa convaincre, elle prononça l'ajournement du débat, donnant ainsi gain de cause à M. Félix Faure qui, six ans après, en 1888, reprenait la parole à diverses reprises, sur cette même proposition de loi. Et, le 17 mai de cette année, il traçait, en ces termes, le devoir du législateur :

Quant à nous, législateurs, nous devons intervenir dans cette question, parce que nous représentons la société et qu'il y a un intérêt d'ordre supérieur, à notre avis, à ne pas laisser à la charge de l'assistance publique un ouvrier qui a effectué un travail, qui a été le collaborateur, l'associé de son patron, qui a rendu service à la production et à la consommation, en un mot qui a produit une chose au prix d'un risque quelconque. Il nous semble légitime que tous ceux qui sont appelés à profiter de son travail et de cet aléa supportent une part de leurs conséquences.
Il me paraît nécessaire d'établir le *risque professionnel*, et de l'étendre non seulement aux cas fortuits, aux cas de force majeure, mais à la propre imprudence de la victime...

Les applaudissements qui accueillirent le discours pro-

Le petit-fils du Président, M. Jacques Berge.
D'après le tableau de Roll.

noncé, ce jour-là, par M. Félix Faure, sont fréquemment

Dans la cour de l'Élysée.
Phot. Courtellemont.

consignés au compte rendu sténographique officiel de la séance. La discussion de la loi se poursuivit presque sans interruption jusqu'au 2 juillet. Et, au fur et à mesure qu'elle se développait, qu'on entrait dans le détail, M. Félix Faure s'efforçait de répandre la clarté sur les passages des articles qui semblaient obscurs à ses collègues ; il ne laissa pas échapper une occasion de répéter que cette loi était une loi d'équité, de paix et de justice ; de dissiper les inquiétudes qu'elle avait pu faire naître dans l'esprit de quelques-uns qui craignaient que les nouvelles dispositions législatives ne devinssent, aux mains des ouvriers, une arme nouvelle contre le patron.

La loi fut enfin votée ; — elle vient d'être promulguée (1898) après maintes retouches : l'œuvre personnelle de M. Félix Faure ne sortit donc pas, bien entendu, absolument intacte de l'épreuve des délibérations, mais l'on peut dire que maints articles portent la marque personnelle de l'auteur de l'une des propositions primitives.

La sollicitude de M. Félix Faure pour les ouvriers s'affirma en maintes occasions encore.

En 1882, il demandait que la veuve de tout citoyen mort victime de son dévouement dans un sinistre, en cherchant à sauver son semblable, eût droit à une pension de 600 francs. La Chambre, qui, ce jour-là, était en veine d'économies, repoussa la proposition.

LA MÉDAILLE OUVRIÈRE

En 1887, au cours de la discussion du budget de cet exercice, dans la séance du 4 février, — le régime des douzièmes provisoires était en pleine floraison, — le député du Havre se plaignait de ce que les vieux ouvriers inscrits pour la médaille d'honneur récemment créée en leur faveur n'eussent pas reçu satisfaction. On avait bien institué la récompense à accorder aux vieux serviteurs, mais on n'avait oublié qu'un point : ouvrir les crédits nécessaires.

Phot. Mercier.

Montjarret.

Je ne propose pas à la Chambre, disait M. Félix Faure, de voter aujourd'hui une pareille somme (100,000 fr.). Je pense qu'il est possible de payer cet arriéré sur deux exercices; mais je lui demande de ne pas faire attendre pendant six ou sept ans de vieux serviteurs, comptant plus de trente ans de services dans le même établissement, envers lesquels le gouvernement a contracté une véritable obligation, une récompense qu'ils considèrent à juste titre comme leur étant due.

La Chambre applaudit l'orateur; mais le rapporteur

expliqua que la Commission ne pouvait accorder qu'un très modeste relèvement de crédit. Le rapporteur, toutefois, — c'était M. de Hérédia — eut un mot malheureux. Il qualifia les « clients » de M. Félix Faure de « solliciteurs ». Aussitôt, le député du Havre, remontant à la tribune, de relever énergiquement cette malencontreuse expression :

Je ne saurais, dit-il, accepter l'expression dont s'est servi M. de Hérédia lorsqu'il a dit que les solliciteurs pouvaient attendre.

Les ouvriers qui ont droit à la médaille d'honneur, d'après l'arrêté de M. le Ministre du Commerce et de l'Industrie, ne sont point des solliciteurs. Généralement, les demandes sont produites par leurs patrons. Elles sont instruites par les préfets, et ce n'est pas comme solliciteurs qu'ils sont présentés, mais comme des hommes qui méritent la reconnaissance nationale.

Phot. Courtellemont.
L'Élysée. — Le chef des huissiers.

La Chambre applaudit encore; M. Félix Faure maintint sa demande intégrale de relèvement de crédit, et il fallut, pour qu'il consentît à la retirer, l'intervention de M. Rouvier, président de la commission du budget, lequel expliqua que la médaille serait « démocratisée », que sa valeur intrinsèque serait réduite, — ce qui, d'ailleurs, n'enlevait pas son prix au diplôme décerné aux titulaires.

LES LOIS COMMERCIALES

M. Félix Faure n'eut garde de laisser de côté, comme député, les grandes questions commerciales qui intéressaient et ses électeurs et lui-même. Il prit souvent la parole dans les discussions relatives aux services maritimes postaux entre Le Havre et New-York, et entre la France et les Antilles.

Dans la séance du 10 mai 1883, à la Chambre des députés, où se débattait la question du renouvellement du contrat conclu entre l'État et la Compagnie Transatlantique, M. Félix Faure déplorait que le résultat accompli grâce au précédent traité ne fût pas en rapport avec les sacrifices que le pays s'était imposés. Il recommandait la prudence au gouvernement, à ses collègues :

Je dis, déclarait M. Félix Faure, qu'après ces sacrifices considérables la France se trouve en ce moment dans une situation d'absolue infériorité vis-à-vis des pays étrangers...

Cette infériorité, l'orateur la démontrait et adjurait la Chambre de ne pas fermer, par la conclusion de contrats à subventions, la porte au progrès dans les vitesses marines. Il établissait, en outre, que l'intérêt commercial aussi bien que l'intérêt politique commandaient de renoncer au système des subventions, proposé par le gouvernement.

Et M. Félix Faure proposait à la Chambre un système conçu selon la logique, pour la meilleure sauvegarde des intérêts en jeu, tant ceux des armateurs que de l'État et du public.

Je vous propose, disait-il, d'adopter cette méthode qui consiste à rémunérer seulement des services réels.

La prime à la marine marchande d'abord, puis la rémunération du transport, vous donneront la certitude d'amener les concessionnaires à améliorer leur matériel ; et de plus, vous supprimerez par le fait les monopoles, et vous ouvrirez la concurrence à l'industrie privée...

... La méthode que je soutiens est peut-être la méthode de demain... Je vous demande, pour un service qui doit commencer en 1885, de préférer le système de demain au système d'hier.

La Chambre ne lui donna pas satisfaction : elle accorda au gouvernement ce que celui-ci lui demandait. Il ne nous appartient pas de dire si elle commit, ce jour-là, une faute.

LES QUESTIONS DOUANIÈRES

Les questions douanières amenèrent fréquemment M. Félix Faure à la tribune. Il s'était préparé à les traiter au cours de sa carrière de commerçant, familiarisé avec ce qu'on appelle la loi de l'offre et de la demande dans son application internationale. Avant qu'en 1891 la loi modifiât notre régime douanier, M. Félix Faure avait présenté ou soutenu des propositions de détail portant sur un certain nombre de produits d'exportation.

Il avait, notamment, donné la mesure de sa compétence en ces délicates matières au cours de la discussion, le 24 mars 1890, de l'interpellation de MM. Turrel et Deloncle : 1° sur le traité avec la Turquie ; 2° sur la position diplo-

L'Élysée. — Les petites cuisines.

matique de la France dans les anciens traitements avec la Porte ottomane.

Le traité franco-turc venait d'expirer : M. Turrel demandait qu'on établît un *modus vivendi* commercial avec la Porte jusqu'en 1891, époque de la refonte de notre tarif douanier ; M. Deloncle voulait que l'on s'en tînt, tout simplement, au régime des capitulations.

Le gouvernement, par l'organe de M. Ribot, ministre des Affaires étrangères, répondit dans des termes qui satisfirent les interpellateurs.

C'est alors que M. Félix Faure, dans un discours très

Phot. Courtellemont.

L'Élysée. — Les grandes cuisines.

bref, fit en quelque sorte la préface du long débat qui s'ouvrit l'année suivante. Il n'examina pas les traités dont s'agissait au point de vue politique : il y toucha d'une main légère, au point de vue économique, en se plaçant sur le terrain des intérêts de la France, quant à son exportation et à son trafic maritime.

Le député du Havre, après un précis historique de nos traités de commerce avec la Turquie, exposa la question à son immédiat point de vue. Il conseilla au gouvernement de maintenir la situation résultant de nos traités antérieurs.

Ne songez pas, dit-il, à négocier à nouveau ; ne laissez pas soupçonner une minute que vous avez la pensée de renoncer aux avantages de la clause que nous discutons (elle était relative aux fruits secs). M. le Ministre vous disait tout à l'heure que la Turquie vient de signer un traité avec l'Allemagne. Savez-vous si ce traité ne concède pas à l'Allemagne des avantages que nous n'avons pas encore?...
Savez-vous quels avantages sont accordés à la marine allemande?
Savez-vous enfin quelles faveurs seront concédées, dans un ou deux ans, à l'Italie, à l'Angleterre? Non, vous ne le savez pas. Et si vous ne pouvez pas réclamer ces avantages nouveaux pour votre commerce et votre marine, dans quelles conditions serons-nous placés? Comment notre industrie pourra-t-elle soutenir la concurrence dans les Échelles du Levant?...
... Il faut donc maintenir la situation qui résulte de nos traités antérieurs; nous conserverons ainsi, au profit de notre commerce et de notre marine, la part de légitime influence dans le Levant que, jusqu'ici, personne n'a jamais contestée à la France !

La thèse soutenue par M. Félix Faure et les autres orateurs, MM. Méline, Deloncle et Turrel, triompha et fut sanctionnée à une majorité considérable par le vote d'un ordre du jour approbatif.

LE LIBRE-ÉCHANGE

Un an plus tard, dans la séance du 22 mai 1891, M. Félix Faure rappelait l'attention sur lui en prononçant, dans la discussion générale sur le tarif des douanes, un discours remarquable qui était, en même temps, une profession de foi libre échangiste.

> Nous sommes, disait-il, partisans de la stabilité, nous repoussons toutes les perturbations, toute instabilité, d'où qu'elles viennent, soit qu'elles proviennent de remaniements constants apportés dans le tarif des douanes dans le sens du relèvement des taxes, soit qu'elles résultent de la lutte perpétuelle à laquelle M. Léon Say a fait allusion lorsqu'il a assuré qu'avant peu il serait maître de vos tarifs et qu'il en provoquerait l'abaissement.
> Nous estimons qu'en affaires la première nécessité c'est la sécurité ; or, je ne crois pas que le système présenté par la commission soit de nature à assurer cette sécurité.

Après avoir reconnu que, des deux parts, on désirait arriver à une entente, que « le temps des apostolats » était passé, M. Félix Faure ajoutait :

> Nous sommes persuadés que votre système est mauvais; nous ne sommes pas partisans de vos doctrines ; mais pourtant, si vous rendiez l'édifice habitable, nous collaborerions volontiers avec vous, afin d'arriver à une solution aussi favorable que possible aux intérêts généraux de la France. Nous assurerions cet accord et la stabilité que nous réclamons ensemble par la modération des taxes que nous voterions.
> ... Lorsque vous aurez établi la stabilité chez nous par des conventions fermes, précises, déterminées, vous ne l'obtiendrez sur les marchés étrangers que par des actes bilatéraux, par des engagements formels...

C'était toute une doctrine économique faite de conciliation, de prudence, que M. Félix Faure venait d'exposer. On sait que l'opinion contraire l'emporta. La Chambre avait son siège fait. Elle était aux mains des protectionnistes, et les libre-échangistes durent se déclarer vaincus — sinon convaincus.

Plusieurs fois, au cours de ses voyages présidentiels, M. Félix Faure entendit de notables libre-échangistes se plaindre à lui, leur coreligionnaire économique, du régime douanier actuel. Certes, le Président dut se faire violence pour que ses sentiments personnels ne se fissent pas jour au dehors. Mais toujours il sut imposer silence à ses convictions intimes, et il renvoya les plaignants à se pourvoir devant... le ministère.

Phot. Courtellemont.
Le premier valet de chambre.

Phot. Courtellemont.
Le chef des gardes de l'Élysée.

QUESTIONS FINANCIÈRES

M. Félix Faure, au cours de sa carrière parlementaire, s'occupa également, à diverses reprises, de questions financières ; il siégea même à la commission du budget ; mais là, son rôle fut tout de travail intérieur. Nous indiquerons seulement la position qu'il prit dans certains débats en raison du regain d'actualité que des événements récents leur ont donné.

Le 6 décembre 1890, M. Camille Dreyfus avait soumis à la Chambre un projet de résolution invitant le gouvernement à déposer un projet de loi établissant l'impôt sur le revenu. M. Félix Faure, en quelques mots, faisait rejeter le projet.

En 1893, dans la séance de la Chambre du 24 février, on discutait sur l'établissement d'un impôt frappant les opérations de bourse.

Et M. Félix Faure disait :

Phot. Courtellemont.

Le premier cocher.

Nous sommes partisans de l'impôt sur les opérations de bourse, mais à la condition qu'il n'apportera pas un bouleversement sur le marché financier de Paris et que la matière imposable n'en sera pas diminuée.

Le marché libre a pris, de l'aveu de tous et sous les yeux de tous, une importance considérable au point de vue financier, par suite des différents avantages que le public trouve — car il est bon juge dans la matière — sur le marché libre, et qu'il ne rencontre pas sur le marché officiel.

Sur le premier, il trouve l'activité, l'initiative individuelle, une clientèle plus étendue; chacun sait que les banquiers du marché libre, les coulissiers, se font acheteurs ou vendeurs, de sorte que le client, certain de trouver sur ce marché une contre-partie immédiate, y porte ses affaires...

Le marché officiel ne vit qu'en vertu d'un monopole. Comme tous les monopoles, il attend ses affaires partie et contre-partie; les échanges y sont entravés constamment par des règles serrées qui ne sont plus de notre époque...

Et plus loin :

J'espère que, quand nous nous occuperons de l'organisation du marché de Paris, nous arriverons à la suppression du monopole.

Le ministre des Finances constata que M. Félix Faure avait élargi et élevé le débat en plaçant la discussion sur le terrain de la suppression du monopole des agents de change et la constitution du marché libre.

Tout se borna à des dicours; la question ne devait pas encore être tranchée ce jour-là.

LE PANAMA

Mais, de toutes ces discussions, il en est une sur laquelle nous tenons à appeler l'attention, celle qui se produisit le 28 avril 1888, à propos de l'émission des obligations à lots de Panama. M. Félix Faure donna ce jour-là, à la petite épargne, des conseils qu'elle n'entendit pas ou ne voulut pas entendre.

J'espère, disait-il, en faisant allusion au prix exorbitant auquel avait été racheté le réseau de l'État, j'espère qu'aujourd'hui on n'aura pas le tort de se compromettre dans les mêmes conditions, non pas pour 450 millions, mais pour une somme de deux milliards.

Je ne veux assumer dans cette affaire aucune responsabilité. Je propose à la Chambre de ne pas accorder et de ne pas refuser l'autorisation qui est sollicitée... Et si respectable, si intéressante que soit la situation des porteurs de titres du Panama, j'estime — *étant données les responsabilités que je prévois* — aussi intéressante et aussi respectable la situation des contribuables que je représente ici.

C'étaient des paroles prophétiques : les malheurs pressentis par M. Félix Faure fondirent sur l'épargne française. Nombreux sont ceux qui regrettèrent de ne pas s'être rangés, en cette séance mémorable, derrière le député du Havre!

Pendant ses trois passages aux affaires comme sous-secrétaire d'État aux Colonies, M. Félix Faure agit beaucoup, mais il parla peu; il n'eut pas davantage l'occasion de prononcer de grands discours pendant qu'il fut à la tête du Département de la Marine, sauf en ce qui concerna le transport des troupes à Madagascar, mais ce que nous en avons dit ci-dessus est suffisant pour montrer que l'estime parlementaire qui s'attachait à son nom était justifiée par « l'utilité pratique » de ses apparitions à la tribune.

X

Aux Colonies. — A la Marine.

Si l'on demande à quelqu'un, et même à quelqu'un au courant des questions coloniales, à quelle époque M. Félix Faure fut sous-secrétaire d'État aux Colonies et ce qu'il fit, il est douteux qu'on obtienne une longue réponse. Il est probable que, d'abord, on recueillera, d'après des souvenirs de journaux, une anecdote, celle de la canne d'or du maharajah Courjon. Celui-ci mourut il y a deux ans, et, à sa mort, on rappela, en effet, ce trait un peu comique : ce brave homme, négociant aux Indes, avait fait comprendre au gouvernement français qu'il avait grandement contribué au développement de notre influence et de notre activité commerciale; une récompense lui fut offerte; il ne demanda pas la Légion d'honneur, mais le droit de porter dans les cérémonies publiques ce qu'il considérait comme la Légion d'honneur de son pays, c'est-à-dire une canne à pomme d'or, signe distinctif de la souveraineté des rajahs.

Quoique le fait fût sans précédent, le gouvernement

M. de Gourlet, Inspecteur général des Palais nationaux.

français n'hésita pas à accéder à ce désir et prit gravement un arrêté comblant les vœux de Courjon. L'arrêté était pris sur la proposition de M. Félix Faure. On en rit. Après tout, ce n'était pas plus sot que de donner les palmes académiques à des cabotins ou à des concierges de préfecture.

Mais il ne faut pas s'arrêter à ce minime épisode ; quand on feuillette, ce qui n'est pas une petite affaire, étant donné le déplorable état de nos collections publiques, le Bulletin officiel de la marine, on voit que M. Félix Faure, qui fut trois fois sous-secrétaire d'Etat aux Colonies, y accomplit une œuvre considérable, surtout si on réfléchit que le sous-secrétariat d'Etat aux Colonies, jusqu'à ces dernières années, n'a été presque qu'une direction d'un des ministères du Commerce ou de la Marine, car il était ballotté de l'un à l'autre, selon les préférences de chaque président du Conseil.

Le château de Fontainebleau.

M. Félix Faure, dans ses passages successifs à la tête de cette direction, en accrut peu à peu les prérogatives et l'amena au point d'être prête à se transformer en ministère.

Aujourd'hui que nous possédons ce ministère, qui d'ailleurs n'a pas sa pleine utilité, parce que l'armée coloniale lui fait défaut, aujourd'hui surtout que les esprits se sont ouverts aux grandes idées de colonisation, et que le terme d'expédition ou d'exploration ne sonne plus à nos oreilles comme un synonyme de boucherie tonkinoise ou de tartarinades, on ne pense plus aux difficultés premières que rencontrèrent les hommes, aux vues larges, qui parlèrent tout d'abord d'expansion et de mise en valeur de notre domaine colonial. M. Félix Faure fut de ceux-là, et certes il eut, et d'autres comme lui, grand mérite à tenir bon, tant à cause d'une opposition hargneuse et imbécile, qu'en raison des conditions si défectueuses où la petite autorité dont il jouissait pouvait s'exercer.

Ceux qui, à cette heure, vont au Congo comme à Bougival, ou au Tonkin comme à Marly, ceux qui sont reçus dans les superbes salons du Pavillon de Flore et y voient s'agiter un essaim d'employés, se rappellent-ils les cris de haine qui saluèrent naguère les Tonkinois? Se rappellent-ils surtout ce qu'étaient les bureaux attribués au sous-secrétariat d'État aux Colonies? Une vraie cambuse, un salon et deux pièces, au cinquième étage du palais de la Marine, rue Royale, et, au sixième étage, sept ou huit autres pièces, où rôtissaient, au gaz et sous le soleil, une demi-douzaine de gratte-papier! On

L'Élysée. — Remise de barrette à un Cardinal.

Phot. Gourtellemont.

y accédait par un invraisemblable escalier, débouchant au fond de la cour, humide, obscur, offrant aux visiteurs vingt chances de se rompre le cou. Et quand, enfin, on était parvenu en haut de cette échelle de Jacob, on errait dans les couloirs interminables, jusqu'à ce qu'on eût trouvé un employé qui vous renvoyait à un autre étage, ou même dans des appartements annexes, loués pour des services spéciaux, en dehors du ministère, au beau milieu de la rue Royale!

Il a fallu que vingt ans s'écoulassent ainsi et qu'un sous-secrétaire d'Etat eût l'énergique ténacité déployée par M. Delcassé, qui expulsa presque le préfet de la Seine, pour qu'une organisation plus décente fût donnée à ces services coloniaux, dont l'importance avait singulièrement grandi. Mais il a fallu aussi que cette transformation matérielle et les extensions d'attributions qui les accompagnèrent fussent préparées par les prédécesseurs de M. Delcassé, par M. Eugène Étienne et, avant celui-ci, par M. Félix Faure.

Car, si le sous-secrétaire d'État était ridiculement logé, il n'était pas mieux partagé au point de vue de l'étendue des pouvoirs.

Comme je l'ai dit, ses services passaient d'un ministère à l'autre; il n'avait même pas, au début, la signature de la correspondance; encore moins prenait-il part aux délibérations des conseils des ministres; c'était une sorte de commis supérieur que les hasards de la politique congédiaient du jour au lendemain.

On conçoit combien, dans de telles conditions, il était

difficile d'obtenir un résultat quelconque, d'exercer sur l'opinion publique une influence heureuse, et de l'amener à considérer la politique coloniale comme une véritable

Rambouillet. — Vue du Château.
Phot. Boyer.

politique, ayant sa règle, entraînant des responsabilités et des honneurs.

C'est pourtant là que l'on a abouti, mais cela s'est fait bien lentement, et l'édifice s'est élevé peu à peu. On va voir, par une analyse de ses principaux actes, extraite du *Bulletin de la marine*, que M. Félix Faure a apporté pour sa part de nombreuses pierres à cette construction.

M. Félix Faure fut, pour la première fois, sous-secrétaire d'État aux Colonies sous le ministère de Gambetta ; il venait d'entrer à la Chambre ; son sous-secrétariat dépendait alors du ministère du Commerce, dont M. Rouvier était le titulaire ; il dura, comme tout le cabinet

Rambouillet. — Départ de visiteurs.

Gambetta, du 14 novembre 1881 au 30 janvier 1882, soit à peine le temps d'apprendre à monter sans se casser les os le redoutable escalier de la rue Royale.

En 1883, seconde période de sous-secrétariat d'État ; M. Félix Faure y est appelé, le 22 septembre, dans un cabinet présidé par M. Jules Ferry ; cette fois, il dépend de la Marine, dont les Colonies formaient précédemment un simple bureau ; le vice-amiral Peyron était ministre. Ce n'est pas médire des marins que de rappeler qu'ils n'étaient pas enclins à la bienveillance à l'égard des coloniaux, qu'ils avaient eus sous leur coupe, et dont ils voulaient modérer l'ardeur à leur profit. Et c'était pourtant l'époque où se dessinait notre mouvement colonial, au Tonkin, à Madagascar (traité de 1885), l'époque de notre protectorat en Annam et au Cambodge ! A ce moment-là, nous occupions le haut Sénégal et nous voyions s'ouvrir devant nous ces territoires africains où nous nous sommes taillé, depuis, une si belle part. Il fallait, tout à la fois, user de diplomatie vis-à-vis du ministre de la Marine et vis-à-vis... des peuplades indigènes ; la lutte n'était pas seulement dans les pays lointains, elle était aussi rue Royale.

M. Félix Faure sut y faire face de 1883 jusqu'au 6 avril 1885. Son premier soin fut d'augmenter l'autorité du sous-secrétaire d'État aux Colonies, en lui adjoignant un Conseil de notabilités locales ou métropolitaines, qui, dans sa pensée, devait constituer une sorte de parlement colonial n'ayant pas les inconvénients de l'autre et pouvant servir de point d'appui. C'était le *conseil supérieur des colonies*. Il existe encore, mais il faut convenir qu'il rend peu de services ; parce qu'on ne veut pas lui en demander, parce qu'on ne le réunit presque jamais. La pensée qui a présidé à sa création était pourtant excellente, et un ministre des Colonies qui le remanierait légèrement, en lui donnant des pouvoirs plus précis, plus grands, rendus nécessaires aujourd'hui, n'aurait qu'à s'en louer.

M. Félix Faure s'inquiéta ensuite, dans le même ordre d'idées, de la réorganisation des *directions de l'intérieur* (9 novembre 1883); il consulta à ce sujet les administrateurs et les conseils généraux de chaque colonie, et, selon leur réponse, il répartit le travail et les attributions entre les divers bureaux. C'était encore fortifier le pouvoir civil, et, sans méconnaître les anciens services des commissaires de marine, leur donner des successeurs qui fussent dignes de confiance, dont l'avenir fût assuré. Enfin nous voyons même M. Félix Faure se préoccuper de *l'enseignement colonial*; il fait décréter, par exemple, l'admission des jeunes créoles aux écoles d'arts et métiers de la métropole; on voit qu'il se préoccupe du recrutement d'un personnel civil dès lors indispensable.

Le sous-secrétaire d'État, d'autre part, est amené, dans ses trois ans de pouvoir, à organiser administrativement et économiquement les territoires déjà acquis ou en voie d'acquisition; du 27 novembre 1883 au 12 décembre 1884, il fait ratifier les *traités* conclus avec différents chefs de la *côte occidentale d'Afrique*, en vue de placer leur pays sous la suzeraineté de la France; c'est ainsi que nous nous assurons la possession du royaume de Loango, du petit Bassam, du grand et petit Béréby (côte d'Ivoire), de Tadjourah (Obock) etc., etc. Puis, M. Félix Faure fait voter diverses lois qui ouvrent des crédits pour les *travaux du chemin de fer de Kayes à*

Bafou-Labé, pour les frais d'occupation du haut Sénégal, pour le service et les dépenses du Tonkin.

Cependant, au cabinet Jules Ferry, qui était tombé en 1885 sur la panique de Lang-Son, avait succédé un cabinet Tirard, qui fut, lui-même, remanié partiellement le 5 janvier 1888. M. Félix Faure reprit le sous-secrétariat d'État dans ce cabinet remanié. Il dépendait encore du ministre de la Marine, mais la cause de la colonisation pratique, de la *colonisation civile*, avait fait de si grands progrès que M. Félix Faure put mettre des conditions à son acceptation nouvelle de ses fonctions, car, dès lors, on commence à relever les traces d'un pouvoir véritable enfin concédé au département colonial.

Le premier acte de M. Félix Faure est de créer littéralement ce département; il fait prendre, par M. l'amiral Krantz, un arrêté qui règle les attributions de l'administration des Colonies.

Ainsi le sous-secrétariat d'État avait enfin son action propre; il était presque autonome. Le premier usage que M. Félix Faure fit de son autorité fut de réglementer sévèrement *l'inspection aux colonies*. Dans une circulaire qu'il adressait le 18 janvier aux inspecteurs coloniaux, il écrivait ces mots, qui sont tout un programme de bonne administration :

Vous ne devrez pas perdre de vue que jamais l'utilité de l'inspection ne sera plus manifeste que quand ses observations obtiendront satisfaction sur place et en temps opportun. Les succès obtenus sans mon intervention par l'unique influence du bon droit et de la considération sont les plus enviables; en provoquant moins de froissements, ils laissent derrière eux moins d'irritation.

La mission de l'inspection, grave en tous temps, est devenue plus grave encore sous le gouvernement républicain, dont la doctrine repousse toute prodigalité, toute fiction et tout acte qui ne serait pas de nature à subir l'épreuve de la publicité.

Phot. Boyer.

Rambouillet. — La salle de jeux.

Entre temps, M. Félix Faure, songeant toujours au recrutement du personnel civil, donnait le nom d'*École coloniale* à une petite école cambodgienne qui vivotait rue Ampère, et agrandissait considérablement cet établissement qui, s'il était bien conduit, si l'on donnait à ses élèves un débouché certain, jouerait un si grand rôle.

Enfin, M. Félix Faure s'inquiétait de l'*Exposition coloniale* de 1889, qui a eu tant de succès, et il envoyait une circulaire aux gouverneurs, où il leur réclamait les renseignements statistiques dont la liste avait été dressée par le commissaire de l'Exposition coloniale, M. Louis Henrique; il écrivait cette phrase qui contient une expression très heureuse, entrée depuis dans le langage usuel.

Je sais, Monsieur le gouverneur, quelle part active les divers services de votre colonie ont prise à la rédaction des notices coloniales rédigées sous mon administration lors de l'exposition d'Anvers en 1885, etc. Je suis convaincu que votre concours ne me fera pas défaut pour achever et perfectionner, en 1889, au moyen de renseignements plus complets et plus récents, *l'œuvre de vulgarisation coloniale inaugurée en 1885*.

Mais M. Félix Faure fut vite arrêté dans cette voie d'initiative par un de ces caprices parlementaires qui, en matière coloniale, étaient fréquents. Le 19 février 1888, la Chambre, sur un crédit de vingt millions qui représentait la subvention annuelle servie par la métropole au Tonkin, opérait une réduction de 200.000 francs. M. Félix Faure démissionna et fut remplacé par M. de La Porte.

Pour reprendre un élan, le mouvement colonial dut attendre M. Eugène Étienne.

MINISTÈRE DE LA MARINE

M. Félix Faure était vice-président de la Chambre quand il fut appelé, à la fin de la présidence de M. Carnot, après la chute du cabinet Casimir-Perier, à remplacer l'amiral Lefèvre au ministère de la Marine; il conserva son portefeuille pendant la dernière présidence.

Amené tout d'abord à examiner le budget de son prédécesseur, il y apporta de profondes modifications, réduisit les dépenses et les frais généraux, et parvint à augmenter le nombre d'unités nouvelles à mettre sur chantiers. Il prit l'initiative de la construction de croiseurs extra-rapides à grande vitesse, du genre de ceux qui existent déjà dans plusieurs flottes étrangères.

La grosse affaire du budget réglée, M. Félix Faure visita tous les ports et établissements de la Marine; puis, de retour à Paris, il mit à l'étude un certain nombre de réformes dont il traça lui-même les grandes lignes.

Parmi celles-ci, nous citerons la réorganisation de nos réserves navales, de certaines de nos écoles, et la création d'une section technique chargée de contrôler les plans et devis des bâtiments et de les suivre en tous leurs états d'avancement.

M. Félix Faure avait été très frappé des erreurs commises sur des navires tels que le *Magenta* et le *Brennus*; il avait à la fois la ferme volonté d'en prévenir le renouvellement et de bien établir les responsabilités : de là l'idée de créer une section technique fortement outillée.

C'est au moment où ces réformes allaient peut-être aboutir, que le vote du Congrès appela le ministre de la Marine à la première magistrature de l'État. Quoi qu'il en soit, M. Félix Faure laissa au ministère de la Marine, comme auparavant au sous-secrétariat des Colonies, le souvenir d'un esprit ouvert et juste, d'un travailleur infatigable, d'un chef toujours courtois. On en trouve le témoignage dans la cordialité même des adieux qu'il

Rambouillet. — La salle à manger.

échangea, avant d'entrer à l'Élysée, avec son personnel, à la tête duquel était l'amiral Humann.

A propos de marine, on doit se souvenir, en outre, qu'en 1889 M. Félix Faure a présidé, au ministère de la Marine, une Commission chargée d'examiner certains vœux émis par les marins du commerce, qui sollicitaient la

L'Élysée. — La grande salle à manger.

Phot. Courtellemont.

modification des lois ou règlements concernant l'inscription maritime.

Parmi ces vœux figuraient : 1° la revision du décret-loi disciplinaire et pénal pour la marine marchande (24 mars 1852), aux points de vue de la composition du tribunal maritime commercial, de l'institution de l'appel, de la suppression de certaines peines, tel que l'embarquement correctionnel ; 2° une dérogation à la loi du 3 brumaire an IV, qui peut permettre de naviguer sans être inscrit maritime ; 3° les remèdes à employer contre les abus des bureaux de placement pour marins.

La Commission, après avoir délibéré pendant onze séances, chargea son président de condenser dans un rapport au Ministre le résumé de ses séances et d'exposer ses vœux ; ceux-ci, en majeure partie, ont été sanctionnés par des lois.

XIII

Une étude financière.

En plus de ses rapports aux Chambres de commerce et de ses discours sur des questions d'affaires, M. Félix Faure a écrit un livre sur *Nos budgets*.

J'avais lu, dans les biographies succinctes du Président, que M. de Bismarck cita ce livre à la tribune du Reichstag. Il devait donc

Quirita, la jument du Président.

avoir une certaine valeur. Un rédacteur de l'*Économiste français*, M. Édouard Payen, a fait une analyse très claire de cet énorme travail qui compte 560 pages et qui parut en 1887, à la librairie Guillaumin. Le titre seul (1), fait remarquer M. Édouard Payen, indique déjà la préoccupation que nous retrouvons à toutes les étapes de la vie de M. Félix Faure et qui consiste à rechercher ce qui se passe dans les pays étrangers, soit pour y prendre des enseignements, soit pour y chercher des avertissements et ne pas tomber dans leurs erreurs et leurs fautes. Commerçant au Havre, il ne se borne pas au seul marché français et se livre au trafic international; député, il conseille aux Français de regarder au dehors et les exhorte à se départir de cet esprit casanier qui nuit tant à notre développement commercial; il ne se borne pas à l'étude du budget français, il étudie les finances des pays voisins.

« Aucune étude, dit-il lui-même dans la préface de cet ouvrage, n'est plus actuelle et d'un intérêt plus général que celle du budget, surtout lorsqu'on le rapproche des budgets des pays étrangers. » Vivement préoccupés de la crise industrielle qui, depuis plusieurs années alors, inquiétait le monde entier, gouvernements et particuliers se mirent à examiner avec soin leurs ressources et leurs charges, afin d'enrayer la progression des dépenses et de ne demander au contribuable que le strict nécessaire. M. Félix Faure juge utile de faciliter cette œuvre de comparaison, et il met sous les yeux de ses concitoyens, d'une part, la progression considérable de nos budgets en cette

(1) *Les budgets de la France depuis vingt ans (1868-1887) et des principaux États de l'Europe depuis 1870* : développement des chemins de fer navigation, commerce, forces militaires des principaux pays; un volume in-folio de 568 pages.

période de vingt années qui va de 1868 à 1887t et, d'autre part, celle des budgets des principaux pays d'Europe.

Il résulte des tableaux qu'il donne que le total des dépenses indique, de 1868 à 1887, une progression de dépenses de plus de un milliard et demi en vingt ans. Pendant la même période, les recettes ont passé de 2.231.350.650 fr. à 3.701.526.942 francs.

Cet accroissement énorme des dépenses de la France, bien que plus considérable que celui qu'on peut observer à la même époque dans les autres pays, accroissement dû pour une large part à la guerre, n'est pas cependant un fait isolé. « La progression des dépenses d'État n'est pas spéciale à la France », écrit M. Félix Faure dans sa préface ; « il « est un fait désormais démontré par une longue expérience, « disait déjà, en 1882, le directeur général de la compta- « bilité du royaume d'Italie, M. Cerboni, c'est la progression « croissante des budgets de tous les États, qu'ils soient « grands ou petits, qu'ils aient telle ou telle forme de gou- « vernement. » Le député du Havre poursuit la citation du statisticien italien, qui distingue les dépenses nécessaires, inévitables et les dépenses contingentes, et il ajoute : « Cette progression, que M. Cerboni constatait ainsi il y a sept ans, s'est encore accrue depuis lors dans des proportions effrayantes, et, à l'heure actuelle, il n'est pas un État qui ne regrette son budget des dépenses de 1880. »

A l'appui de cette affirmation viennent les tableaux qui forment la seconde partie de l'ouvrage et qui présentent les recettes et les dépenses de l'empire d'Allemagne, de la Bavière, de la Prusse, de la Saxe, du Wurtemberg, de l'Autriche-Hongrie, de la Belgique, de l'Espagne, de la Grande-Bretagne, de l'Italie, des Pays-Bas et de la Russie.

Une troisième partie du livre apporte des renseignements sur le mouvement des importations et des expor-

Phot. Courtellemont.
Rambouillet. — Une battue en décembre.

tations des principaux pays depuis 1872; sur l'effectif des armées actives des principaux pays depuis 1870, sur la marine marchande, sur nos émissions de rentes 3 pour 100 amortissables, etc...

On peut regretter que M. Félix Faure se soit borné à

Rambouillet. — Devant le petit étang.

Phot. Royer.

mettre sous les yeux de ses lecteurs des tableaux statistiques et n'y ait pas joint quelques observations. « Nous n'apportons que des chiffres, dit-il, sans parti pris, sans idées préconçues, et nous espérons que ce travail, que nous n'avions d'abord entrepris que pour nous, sera de quelque utilité aux hommes publics et aux économistes, à tous ceux qui s'intéressent aux progrès de la fortune publique, aux conditions de travail et d'existence de la société moderne. »

Il est exact que cet ouvrage peut être utilement consulté, même encore aujourd'hui, alors que les chiffres qu'il présente se rapportent à des périodes déjà anciennes, mais il eût été préférable que quelques pages de texte vinssent de temps en temps éclairer quelques-uns de ces longs tableaux de chiffres.

La préface n'en reste pas moins intéressante à lire et on peut y démêler facilement quelques-uns des principes financiers du futur Président de la République...

A notre époque de centralisation à outrance, chacun réclame à tout propos l'intervention de l'État et lui demande, aux dépens du budget, aux dépens de la masse des contribuables, des services de plus en plus nombreux, de plus en plus chers. Et cela au moment même où, par suite d'une longue crise et de la fragilité des relations internationales, les recettes perdent toute leur élasticité, et où les plus-values ne sont plus qu'un souvenir. Cette situation cependant n'est que momentanée. L'esprit de travail et d'économie qui distingue le peuple français, l'effort qui se poursuit dans le but d'améliorer les conditions de la production et de développer nos relations économiques, les préoccupations que nous constatons plus haut et qui ont amené les pouvoirs publics à limiter les dépenses, nous laissent pour l'avenir toute notre confiance. Bien que l'ère des difficultés ne soit pas absolument franchie, nous pouvons constater d'ailleurs, à des signes certains, une amélioration marquée. — Nous n'avons pas la prétention d'apporter des solutions nouvelles, mais nous pensons pouvoir faciliter l'étude des questions financières, si intéressantes pour tous...

On voit d'après ces lignes que M. Félix Faure se prononçait nettement contre une extension trop grande des attributions de l'État, extension qu'il jugeait néfaste pour la bonne gestion des finances publiques. Il se déclare nettement alors, comme il le fera encore plus tard, contre un État-Providence qui annihilerait toute énergie et toute initiative chez les individus. L'effort qu'il prévoyait pour le développement de nos relations économiques a été malheureusement fait quelques années plus tard, en 1892, en un sens tout opposé; mais l'esprit de travail, et surtout d'économie, qu'il signale dans le peuple français n'a pas disparu. Le Président de la République ne doit regretter qu'une chose, c'est que les énormes épargnes de ce peuple n'aient pas un emploi plus productif, et, sans tomber dans la témérité, ne se montrent pas un peu plus hasardeuses.

Abordant quelques détails de notre budget, M. Félix Faure fait judicieusement remarquer qu'il n'est pas exact de considérer comme produit net des postes l'excédent des recettes sur les dépenses d'exploitation. Pour être dans le vrai, il faudrait en déduire, d'une part, le montant des intérêts payés au titre de la Dette publique, pour les dépenses de premier établissement et les travaux extraordinaires, d'autre part, le chiffre des pensions allouées aux anciens fonctionnaires, ces pensions n'étant d'ailleurs que des traitements de non-activité qui gagneraient peut-être à être rapprochés dans les comptes, au moins pour mémoire, des traitements d'activité du personnel en fonctions. Il critique du reste, d'une façon générale, le groupement irrationnel des dépenses des pensions. « Peut-on

Rambouillet. — Les étangs.

dire, ajoute-t-il, que les chemins de fer de l'État donnent des excédents de recettes, alors qu'on ne tient pas compte de la rémunération du capital de premier établissement (rachat, parachèvement), ni des insuffisances de certains exercices ? »

L'État, conclut-il, devrait établir ses budgets comme le ferait un particulier, ou une compagnie, surtout lorsqu'il s'agit des exploitations industrielles dont il a pris charge. Ce n'est qu'à cette condition que les comptes seront sincères et qu'ils pourront donner au pays une idée exacte des sacrifices qu'il s'impose ou des bénéfices qu'il retire de ces exploitations.

Ce n'est sûrement pas ce passage que cet autocrate de Bismarck cita au Reichstag, mais c'est celui que notre Parlement devrait méditer.

XIV

Les Voyages.

C'est le regretté Président Carnot qui inaugura la série des voyages présidentiels.

Dès qu'il eut annoncé l'intention de visiter les provinces, les invitations affluèrent. Il les accepta toutes, et, contre vents et marées, fit honneur à sa parole : son stoïcisme, sous les ondées, est demeuré quasi proverbial, et, très injustement, sa réputation à cet égard a pu porter parfois préjudice à M. Félix Faure, qui, cependant, ne se montre pas moins intrépide devant l'inclémence du ciel.

De M. Casimir-Périer, je ne parlerai pas : à peine eut-il le temps, dans sa courte présidence, de faire et défaire sa valise pour se rendre à Châteaudun et y passer les troupes en revue, à la fin des grandes manœuvres des 4e et 11e corps, en septembre 1894.

M. Félix Faure reprit, dès son accession à la première magistrature de l'État, les bons errements qui avaient valu à M. Carnot une si saine popularité. Comme je n'ai pas eu l'honneur d'accompagner, dans ses déplacements, le Président actuel, j'ai dû, pour en parler, faire appel à l'obligeance de mon confrère, M. Gustave Babin, qui publie,

Rambouillet. — Retour de chasse.

dans le *Journal des Débats*, les comptes rendus de voyages les plus pittoresques, les plus personnels.

Le premier voyage de M. Félix Faure fut pour aller, le 27 mars 1895, à Sathonay, remettre au 200ᵉ régiment de ligne, sur le point de partir pour Madagascar, son drapeau.

Actuellement, M. Félix Faure en est à son douzième

Rambouillet. — Le Président dans son cabinet de travail.

Phot. Boyer.

voyage, sans parler de quelques déplacements rapides, visites à l'Impératrice douairière de Russie ou à la Reine d'Angleterre, de passage en France.

Après cette expédition au camp de Sathonay, il a successivement parcouru : la Seine-Inférieure (Rouen, Le Havre, Bolbec, Yvetot) en avril 1895, pendant une villégiature au Havre, petite visite de cordialité aux anciens électeurs, aux amis de la veille, aux concitoyens; le centre et le Sud-Ouest, à la fin de mai et au début de juin 1895, avec halte à Amboise pour y revoir la famille de Mme Félix Faure.

Pendant ses vacances de 1895, il se promène de nouveau en Seine-Inférieure, à Fécamp et à Dieppe, le 12 août; va, du 7 au 10 septembre, sans apparat, presque sans honneurs, en « redingote grise », voir les troupes qui manœuvrent dans les plaines de Champagne, autour de Langres; se transporte, le 15 septembre, du Havre à Fontainebleau, où il reçoit tour à tour le Roi des Belges, le prince Nicolas de Grèce, le grand-duc Constantin de Russie, et où il préside le 21 à l'inauguration d'un monument à la mémoire de Sadi-Carnot; et enfin, le 19 septembre, passe, à Mirecourt, la grande revue des cinq corps d'armée — 120.000 hommes! — qui viennent de prendre part aux manœuvres.

En février-mars 1896, il voyage dans le Midi, parcourt le littoral méditerranéen : haltes à Lyon, Toulon, Cannes, Villefranche, Nice, où il inaugure le monument commémoratif de la réunion du comté niçois à la France, etc.

Les 24 et 25 mai de la même année, voyage en Touraine, à Amboise, pour inaugurer le monument élevé à la mémoire de feu le sénateur Guinot, oncle de Mme Félix Faure, et à Tours.

Du 3 au 13 août 1896, voyage en Bretagne et dans le Maine ; le 14, le Président repartait de Paris pour visiter l'exposition de Rouen et, de là, gagner Le Havre, où il allait jouir d'un repos bien mérité.

En septembre, manœuvres d'automne en Charente. Le Président en suit pendant trois jours les péripéties, puis passe, dans la plaine de Châteauneuf, la revue finale. De là, il se rend à La Rochelle et gagne l'île d'Oléron, où a lieu l'inauguration d'un sanatorium d'enfants.

En octobre, c'est la fameuse visite du Tsar et de l'Impératrice à Paris. M. Félix Faure va recevoir les souverains à Cherbourg le 5 octobre et les accompagne jusqu'à Châlons le 9 octobre. Souvenir inoubliable !

A Pâques 1897, — du 19 au 28 avril, — le Président parcourt la Vendée, la Loire-Inférieure, les Charentes, l'île de Ré, et enfin s'arrête à Niort.

Le lundi de la Pentecôte, 7 juin 1897, M. Félix Faure fait une rapide excursion à Saint-Quentin, pour l'inauguration d'un monument commémoratif du siège de 1557.

En août, même année, du 1er au 11, long et intéressant voyage dans le Dauphiné, la Savoie, les Alpes, où le chef de l'État va suivre les manœuvres des petits chasseurs alpins. M. Félix Faure voit, pérégrinant de conserve avec les Félibres, Valence, où le sculpteur Amy a statufié Bancel, une vieille barbe de 48, et Mme la duchesse d'Uzès Émile Augier, — « ce peintre », affirme M. Benjamin Constant qui s'y connaît, — puis Bourg-Saint-Andéol et Pont-Saint-Esprit sur le Rhône; Orange, où la Comédie-Française donne une représentation, assez saugrenue, aux flambeaux, dans le théâtre romain ; et laissant là le Félibrige et la Cigale bourdonnants, Pierrelatte, Nyons et Grenoble. Le voyage officiel est interrompu pour quatre jours, et, tandis que le Président, avec une suite restreinte, va courir, à dos de mulet, les

Phot. Gers.

Aux ateliers de Fourchambault.

sentiers de montagne, âpres, zigzaguant parmi les névés, à la poursuite des bérets bleus des alpins, « la suite » a toute liberté de pousser des reconnaissances pittoresques dans la contrée avoisinante. Le 8 au soir, on se retrouvait à Moutiers, d'où l'on repartait le lendemain à la première heure pour Chambéry, Annecy, Aix-les-Bains.

Enfin, quelques jours plus tard, le 18 août, M. Félix Faure s'embarquait à Dunkerque pour le mémorable voyage de Russie. Mais la narration de ce déplacement, le premier qu'ait fait un Président de la République en terre étrangère, a trouvé place dans une autre partie de cet ouvrage.

Comment sont organisés les voyages présidentiels?

Cette question, je la posais naguère à M. le colonel Ménétrez, précisément chargé, actuellement, de régler avec les municipalités les détails des réceptions du chef de l'État dans les diverses villes qu'il doit visiter, le « fourrier », si je puis dire, de l'Élysée. Car on peut avoir suivi le Président dans cinq ou six de ses déplacements, avoir maugréé à maintes reprises, contre les menus inconvénients que comportent fatalement ces quelques jours de vie errante par les routes de terre ou de mer, s'être trouvé sans gîte, même, par suite de quelque oubli, et ne s'être jamais soucié ou plutôt n'avoir jamais eu le temps de s'enquérir de « dessous » pourtant assez curieux.

Le Président de la République a accepté l'invitation que lui ont faite les représentants d'une ville ou d'un département quelconque. Les invitations des villes voisines, des départements limitrophes, affluent à l'Élysée. La région entière voudrait avoir l'honneur de recevoir le chef de l'État, et il n'est point de sous-préfecture perdue, de bourgade industrielle un peu importante qui n'aspire à le posséder au moins quelques heures dans ses murs. Il faut faire un choix. Un programme sommaire est donc arrêté; une sorte de canevas, un peu lâche, qu'on pourra toujours reprendre et modifier. Les préfets ont été consultés; ils ont exposé l'intérêt politique qui pouvait s'attacher à la visite de telle ou telle localité, soumis leur petit plan. C'est de la réunion de ces plans partiels que résulte l'ébauche de voyage dont je viens de parler.

Et l'officier chargé de ce service, M. le colonel Ménétrez, se met en route pour fixer jusqu'aux moindres détails du programme.

Sa première visite, en arrivant au chef-lieu du département, est pour le préfet. Le maire de la ville, le commandant d'armes ont été convoqués. En petit conseil, on expose les projets de réjouissances, les intentions de banquets. L'officier a pleins pouvoirs ; il taille à son gré, suivant les nécessités, dans ces beaux plans, une fois entendues les observations des intéressés. Et quand il a, de concert avec les autorités locales, établi enfin un plan définitif, heure par heure, des diverses cérémonies auxquelles présidera le chef de l'État, quand il a arrêté les itinéraires des cortèges, il exécute, montre en main, ce programme, fait, en voiture, les trajets que suivra le landau présidentiel, prévoyant les haltes, ménageant le temps des harangues ; si bien que, lorsqu'il repart, l'horaire du voyage est arrêté, pour chaque ville, *ne varietur*. Voilà pour les grandes lignes. Mais à combien de détails encore il lui a fallu penser !

D'abord, les honneurs militaires à rendre à l'arrivée. Invariablement, dans la cour de la gare, après qu'il a distribué, sur le quai de débarquement, les récompenses aux vieux serviteurs de la compagnie de chemins de fer qui l'a amené jusque-là, le Président remet aux officiers de la garnison les croix et médailles militaires qu'il a apportées à leur intention. Cette remise a lieu solennellement, tambours battant, clairons sonnant aux champs, devant les troupes, étendards et drapeaux en tête. Si la garnison de la ville qu'on visite est insuffisante, il faut, d'autre part, prévoir des déplacements de troupes, artilleurs pour les salves de bienvenue, un escadron de cavalerie avec le colonel et l'étendard pour l'escorte, de l'infanterie pour faire la haie sur le parcours du cortège, et, pour ces déplacements, l'autorisation du ministre de la Guerre est nécessaire.

Phot. Gers.

Annecy. — Le compliment.

Cette cérémonie militaire constitue le premier acte, immanquable, de la réception. Quand elle a pris fin, le Président remonte en voiture, et se dirige vers la préfecture, où il va donner audience aux fonctionnaires, aux membres du clergé, aux officiers. Donc, second point, règlement du cortège. Le décret de messidor en mains, on répartit, voiture par voiture, les autorités qui devront accompagner le chef de l'État. Cette liste sera communiquée à chacun des intéressés, puis remise à un représentant de la municipalité chargé d'appeler, au fur et à mesure que défileront les voitures, les personnes qui doivent y prendre place, de sorte qu'il n'y ait ni discussion ni confusion possibles. Et quand on a prévu un peloton de gendarmerie qui ouvrira la marche, un autre de cavalerie, — cuirassiers de préférence, ou, à leur défaut, dragons, ou chasseurs, ou hussards, comme pis-aller, — un nombre de cavaliers

Phot. Gers.

Sur le *Dupuy-de-Lôme*.

suffisant pour fournir des « flanqueurs » à raison de deux par voiture, marchant à la hauteur des roues de derrière, on a la formation définitive du cortège. Un sous-officier de gendarmerie, directement placé sous les ordres de l'officier de la maison militaire du Président chargé de cette organisation, a mission de surveiller l'exécution stricte des mesures prises. Il doit, bien entendu, connaître à fond l'itinéraire, comme les évolutions que doivent faire toutes les voitures. Ceux d'entre nous à qui il est arrivé de précéder de quelques jours, dans une ville où il allait passer, le chef de l'État, ont pu voir avec quelles précautions on « entraînait » l'attelage présidentiel, en des sortes de répétitions générales du défilé.

Mais peut-être est-ce ici le moment de parler un peu de cet équipage. L'attelage en est fourni toujours par l'artillerie : six chevaux, sous la conduite de sous-officiers. Le soin de se procurer le landau nécessaire est laissé aux municipalités. Une seule obligation rigoureuse leur est imposée : pas de marchepied extérieur apparent quand la voiture est en marche ; et l'on se souvient quelles tragiques circonstances appelèrent, hélas ! l'attention sur ce détail : si pareille précaution avait été prise, lors du voyage où le Président Carnot trouva la mort, l'effroyable drame de Lyon n'eût pas, sans doute, été possible.

Pareillement, latitude entière aux édilités diverses, aux corps qui reçoivent le chef de l'État, chambres de commerce ou autres, de composer à leur guise les menus des banquets. Par contre, le gouvernement reprend son droit de censure — dont il n'a pas, d'ailleurs, il faut le dire, l'occasion d'user bien souvent — quand il s'agit des discours qui seront prononcés dans les cérémonies officielles. Toutes les harangues prévues, dont la liste, toujours courte, est arrêtée d'avance par l'officier qui prépare le voyage, les textes sont soumis au Président et au ministre de l'Intérieur — et il est entendu que, dans toutes les cérémonies, on ne prendra plus la parole après M. Félix Faure...

L'ordre du défilé des divers représentants des corps constitués devant le chef de l'État est réglé d'avance par le fameux décret de messidor, déjà cité. Nulle préoccupation, donc, de ce côté.

La tâche de l'officier mandataire du Président est assez chargée déjà. On a pu voir tout ce qu'avait de difficile l'organisation du cortège. Pour l'arrivée à la préfecture, il lui faut préparer un numéro non moins délicat : la remise des décorations aux fonctionnaires du clergé ou de l'ordre civil, qui a lieu au cours des réceptions, quand ces distinctions n'intéressent pas des personnes attachées à des services que doit, plus tard, visiter le Président de la République. Or, le temps de ces réceptions est limité strictement. C'est un passage rapide d'hommes en uniformes, en soutanes, en toges, en habits noirs, interrompu par de brèves allocutions honorées de réponses en quelques mots. Pas une minute à perdre. Aussi est-il recommandé expressément au préfet de confier à un collaborateur intelligent le soin de préparer une table peu encombrante, afin, armé toujours du décret, du terrible décret, d'y aligner par ordre les diplômes et brevets que devra distribuer le Président.

Peut-être faut-il dire en passant que le Président de la République n'emporte avec lui, dans la mystérieuse valise aux décorations, que les croix et les médailles militaires; les autres insignes, centralisés par les préfets, sont demandés par eux, en temps utile, aux ministres compétents. Mais pour tous, les conditions de lieu et de temps dans lesquelles ils seront attachés sur les poitrines sont réglées par l'officier organisateur du voyage, de même que leur liste a été arrêtée en commun par le secrétaire général de la Présidence et les divers départements ministériels qu'ils intéressent.

Et maintenant, une grosse question encore reste à régler : celle des logements.

Le Président de la République, dans ses déplacements, emmène avec lui sa maison militaire presque au grand complet; exception n'est guère faite que pour les officiers que les nécessités du service obligent à demeurer à Paris pour transmettre, précisément, au chef de l'État, les documents qui pourraient arriver au palais en son absence. Plus, le chef du service télégraphique de l'Élysée, avec « le chiffre » et un aide; le chef de la sûreté de l'Élysée et un certain nombre d'agents chargés de faire bonne garde.

Sont toujours et obligatoirement du voyage : le valet de chambre du Président; les deux huissiers qui, la jambe correctement chaussée de soie, la chaîne d'argent au col, ouvriront les défilés de grande pompe; puis, deux valets de pied; et surtout, le maître d'hôtel de l'Élysée, M. Cler, personnage important, puisque, dans les banquets, d'apparat ou non, c'est lui qui dirige le service à la table présidentielle. Lui seul sait l'étiquette, lui seul connaît bien les petites manies que peut avoir M. Félix Faure — s'il en a. On l'aperçoit, avant qu'éclate, à l'entrée de la salle du festin, la *Marseillaise* annonciatrice, jetant sur la nappe fleurie, où scintillent les argenteries, le coup d'œil suprême, et, pendant le repas, assisté des deux huissiers solennels, debout derrière le Président, son masque pâle et glabre d'imperator, impassible toujours, promenant des surtouts aux candélabres, des assiettes aux carafes, l'éclair de ses petits yeux bleus qui grésillent. Il est le grand ordonnateur de la table.

Voilà, en y ajoutant parfois les représentants du Protocole, toutes les personnes qu'il faut loger.

Le Président, naturellement, le chef de sa maison militaire, les personnes qu'il doit avoir à tout instant sous la main, valet de chambre, domesticité, sont installés à la préfecture. Le préfet, pour quelques jours, cède la place, se réfugie sous les combles, dans une chambre perdue de son hôtel.

Sur le *Dupuy-de-Lôme*.

Que si l'immeuble départemental est trop étroit, c'est à « l'officier fourrier » — dans la circonstance, le mot est exact — à dénicher, dans les environs, les logements nécessaires à une partie de la suite, et surtout un bureau à demi confortable, où les officiers de la maison militaire pourront, la journée officielle finie, travailler aux affaires courantes, dépouiller le contenu de la valise administrative qui leur arrive chaque matin de Paris..., et la remplir, pour la réexpédier le lendemain, de décrets tout signés. Et certes, ce temps de voyage, où il faut être sous les armes, en grande tenue, tout le jour, une partie de la nuit, et se mettre ensuite au travail, escamotant à grand'peine, chaque journée de vingt-quatre heures, trois ou quatre heures de sommeil, n'est pas précisément, pour les officiers attachés à la personne du Président, un temps de délices; ils doivent avec une certaine joie reprendre le chemin de l'Élysée!...

Quant aux membres de la presse, aux secrétaires, aux agents, il faut que la sollicitude du bon fourrier s'étende jusqu'à eux aussi. Et il ne lui reste d'autre ressource que de réquisitionner des chambres d'hôtel, et, au besoin, dans les cas d'extrême nécessité, les dortoirs du collège ou du lycée!...

Donc, voilà préparées les étapes. L'officier peut rentrer à Paris : il a assuré les logements, arrêté les itinéraires, il rapporte une liste détaillée des établissements que le Président doit visiter, liste dans laquelle les institutions hospitalières occupent toujours la bonne place. La première partie au moins de sa mission est remplie, bien remplie. Ajouterai-je que, quand il s'est agi de traverser la Bretagne en voiture, ou, comme dans les dernières manœuvres du Dauphiné, de prévoir un coucher en montagne, à deux mille mètres d'altitude, son rôle n'a pas été des plus aisés?

Le programme est soumis au Président de la République, revu, modifié, s'il y a lieu, à ses convenances. On va l'imprimer et l'envoyer, sous forme d'un coquet petit livret, enrubanné de tricolore, aux intéressés, généraux, préfets, maires, dès qu'on se sera mis d'accord avec les compagnies de chemins de fer pour l'horaire du train qui emportera le Président et ses invités.

LE TRAIN PRÉSIDENTIEL

C'est seulement depuis la visite en France des Souverains russes, qu'existe réellement le « train présidentiel »; c'est-à-dire que c'est à l'occasion de cette visite qu'ont été établies les trois voitures réservées au service personnel du Président et de sa maison. Le Tsar et l'Impératrice, on se le rappelle, devaient, sur une partie au moins du parcours de Cherbourg à Paris, prendre place dans le wagon de M. Félix Faure. On jugea, à juste titre, insuffisants pour une réception décente les ordinaires wagons-salons dans lesquels, jusque-là, le Président avait voyagé. En quelques semaines, à la hâte, la Compagnie des wagons-lits improvisa des voitures de gala, en transformant deux de ses propres wagons, et en remettant à neuf une troisième voiture qui, m'a-t-on dit, avait été construite jadis par elle pour le service du roi Léopold II. Les défenseurs des grands principes, les purs gardiens de la tradition démocratique, protestèrent, poussèrent les hauts cris; il fut un moment, Dieu me pardonne! question de renverser à ce sujet un ministère, — celui, d'ailleurs, qui dure encore. On va voir s'il y avait de quoi.

C'est dans les ateliers de la Compagnie P.-L.-M., à Villeneuve-Triage, que j'ai pu, tout récemment, visiter les trois voitures présidentielles, ou comme on dit dans l'argot de service spécial aux chemins de fer, la Pr. 1, la Pr. 2 et la Pr. 3. On les transformait, on les améliorait, on en reprenait les ameublements, rapidement défraîchis; car, comme je l'ai dit plus haut, aménagées très précipitamment, elles avaient été aménagées aussi un peu à la légère. Le temps n'épargne pas ce qu'on a fait sans lui!

Phot. Paul Gers.

A Périgueux.

Extérieurement, par la disposition des portières, elles étaient demeurées un peu trop, à la vérité, les confor-

Le Havre. — Retour de chasse.

Phot. Boyer

tables wagons-lits, les bons wagons-restaurants qu'elles avaient été autrefois, à l'exception de la Pr. 3, l'ancien wagon — suivant la légende — du roi des Belges. On vient d'en agrandir les baies, par la simple réunion de deux en une, de les munir de marchepieds possibles, sur lesquels on ne soit plus exposé à se rompre le cou, à la montée ou à la descente ; on leur a donné un aspect plus coquet, plus décoratif. On leur a laissé leur peinture extérieure, couleur de bois de teck, avec deux larges filets d'or, sans moulures, au bas de la caisse et au-dessous des fenêtres, avec des écussons aux initiales R F sur un faisceau de lauriers et de drapeaux tricolores.

La Pr. 3 est destinée aux officiers de la maison du Président. Un long couloir disposé latéralement, comme dans les wagons-lits, la dessert d'un bout à l'autre. On y accède soit par l'une des deux portières ouvertes aux extrémités du couloir, soit par une portière à deux battants, au milieu même de ce couloir. On l'a, de même que les deux autres voitures, munie de marchepieds qui se relèvent automatiquement quand on ferme la portière et retombent dès qu'on l'ouvre. Cette disposition était nécessaire pour ramener la voiture au gabarit des voies ; les larges marchepieds qu'on y a récemment adaptés débordaient sur ce gabarit réglementaire. Comme distribution, elle comprend : aux deux bouts, un compartiment avec canapé-lit, une petite table, deux chaises en acajou verni, — comme d'ailleurs toutes les boiseries du wagon ; — une petite chambre à un lit tendue d'une étoffe damassée, vert-mousse ; une chambrette de service, pour un domestique, avec un canapé-lit ; enfin, une pièce plus grande qui fut, pour le voyage de Cherbourg, aménagée à l'usage de l'Impératrice de Russie, et qui était alors tendue de soies claires, de « modern style », pour employer le jargon à la mode, grandes fleurs bouton d'or sur un fond bleu de lin. Cette chambre devient, je crois, la chambre du secrétaire général de la Présidence et est revêtue d'étoffes d'un ton rouge mieux en harmonie avec sa destination. Bien entendu, chacun de ces étroits logements est muni d'un cabinet de toilette, à table de marbre rouge sombre, et de water-closets. Le mobilier en est complété par des fauteuils habillés d'étoffes assorties aux tentures de chaque pièce, et par des chaises d'acajou.

La Pr. 2 contient les appartements de réception : au milieu, ouvrant de chaque côté sur la voie par une porte à deux vantaux, se trouve le grand salon, où le Président peut recevoir ses hôtes, se tenir avec eux pendant le voyage, s'il lui plaît de quitter son wagon. Tout le mobilier consiste en de profonds fauteuils capitonnés de soie brochée rose nacarat à grands ramages. Aux quatre angles, quatre jardinières d'acajou, lourdes et, ma foi, d'assez piètre style, reçoivent des fleurs et des plantes vertes. Un lambrequin de soie pareille à celle dont sont habillés les fauteuils court en frise au-dessus des larges baies ; au plafond d'innocentes allégories de décorateur remplissent de leur mieux des médaillons aux cadres desquels se vrillent et se convulsent des rinceaux de recueils classiques. Deux salons d'attente précèdent, aux extrémités, ce salon de gala : un petit, meublé de deux banquettes, et un grand garni d'un long divan et de quatre fauteuils, le tout tendu de soie rose à grains de poudre.

Voici, enfin, la Pr. 1, la voiture occupée tout entière par les appartements privés du Président. Elle contient trois pièces principales : un salon ou cabinet de travail, la chambre à coucher du Président, l'indispensable salle de bains, plus deux chambrettes où se logent les serviteurs de M. Félix Faure. Pas plus dans ces appartements que dans tous ceux que j'ai décrits, ne s'affiche ce

Phot Gers.

Arrivée au Replat des Canons.

luxe princier dont la seule perspective alarmait tant de démocratiques pudeurs, lorsqu'il fut question d'établir ces trois voitures.

Le cabinet du Président est tendu de damas rouge, avec, toujours, courant en frises tout autour, au-dessus des fenêtres, les lambrequins assortis : ici, velours grenat avec appliques de soie bouton d'or. Comme meubles, dans un angle, un petit bureau d'acajou, une petite table à tiroirs étagés à droite et à gauche d'un écran de soie rose, meuble du faubourg Saint-Antoine que j'ai vu démonté, décollé, dans l'atelier d'ébénisterie, et qui ne rappelait que de bien loin, je vous jure, les pompes criardes du palais de Peterhof, aux rives de la Néva; devant ce bureau, un fauteuil d'acajou; puis, au fond, une minuscule bibliothèque, surmontée d'une jardinière qu'on peut garnir de feuillages et de fleurs; deux ou trois chaises enfin. Au plafond, des camaïeux, Amours joufflus, Nymphes bien sages en des médaillons circulaires.

La chambre à coucher fait suite à ce cabinet de travail. Un damas vert mousse revêt les murs, la courte-pointe du lit, ornée de passementeries vertes et vieil or, et les lambrequins sont ici de ce même ton vert laiteux, très doux à l'œil, avec des rinceaux de soie jaune, comme la tenture du cabinet de toilette qui avoisine la chambre.

La salle de bains occupe le fond de la voiture, après le cabinet de toilette. Jusqu'à hauteur d'appui, les lambris en sont revêtus du même marbre rouge dans lequel sont taillées les tables des toilettes. Pas d'autre mobilier que la baignoire, nickelée intérieurement, extérieurement habillée d'acajou, et une petite chaise d'acajou.

Voilà toutes les « splendeurs » qu'on peut voir, aux ateliers de Villeneuve-Triage. Du moins on conviendra que ce n'est pas en ce qui touche le chapitre des arts de l'ameublement que le train présidentiel sera un véhicule d'idées révolutionnaires.

Il faut ajouter que ces trois voitures sont réunies entre elles par le système d'attelage dit à soufflet, qui permet de communiquer de l'une à l'autre ; que les planchers en sont recouverts d'une moquette fort banale, à fond jaunâtre, enjolivée d'arabesques brunes ; que toutes trois sont éclairées à l'électricité, le fluide étant fourni par des accumulateurs disposés dans des coffres sous les châssis ; que chacune est, de plus, munie d'appareils d'éclairage de secours à la bougie, et de sonneries électriques nombreuses, chauffée à l'aide d'un thermosiphon indépendant, et que les cabinets de toilette sont abondamment pourvus d'eau chaude et froide ; qu'enfin, pour les personnes avides de détails, leurs poids respectifs sont : pour la Pr. 3, de 31 tonnes 450 ; pour la Pr. 2, de 30 tonnes 740 ; et de 32 tonnes 690 pour la Pr. 1, la plus lourde. Toujours les privilèges tyranniques du pouvoir !

Le train est complété par des voitures de première classe et des wagons-lits à l'usage des ministres, s'il en est qui suivent le voyage, des administrateurs et du haut personnel des compagnies, qui accompagnent toujours le Président sur leur réseau, des invités du chef de l'État, des journalistes, et par des fourgons à bagages.

Les bagages ! Sans doute, il vous paraîtrait piquant de savoir ce que contiennent ceux du président Félix Faure, la malle et la valise qui sont de toutes les tournées officielles? On est si curieux de détails précis, aujourd'hui, de détails indiscrets surtout ! Combien d'habits noirs ? Combien de grands cordons ? de chemises plissées fin ? J'y avais songé : j'avais devancé vos désirs, car je sais mon public ; pour vous complaire, je n'ai pas hésité, un beau jour, réunissant toute mon énergie, à hasarder cette question, oiseuse — tranchons le mot, niaise un peu ; du moins, pardonnez-moi, elle me semblait telle. — Eh bien, tenez-vous-en à cette expérience. Vous n'apprendriez rien de plus, et, de même qu'à moi, l'on vous répondrait que M. Félix Faure emporte, dans ses voyages, « ce que doit emporter un homme qui a le souci d'être toujours irréprochablement correct ». Mais,

Phot. Gers.

En route pour la Petite-Turra.

surtout, comptez pour fantaisistes et de pure imagination tous les reportages sensationnels que vous avez pu lire à cet égard.

Le premier voyage que j'eus l'honneur de faire à la suite de M. Félix Faure nous entraînait vers le Midi doré, vers le Midi fleuri de mars, avec une halte à Lyon. Or, Lyon avait encore sur son blason de gueule et d'argent une tache sanglante, et cette tache, il semblait que cette visite du successeur médiat de Carnot dût la laver. D'autre part, au cours de son séjour sur le littoral méditerranéen, M. Félix Faure allait recevoir trois visites diplomatiques : celle de l'empereur François-Joseph, celle du césarewitch Georges, celle du Prince de Monaco. Enfin, autre circonstance mémorable, nous jouissions d'un cabinet radical en plein conflit avec

A la Petite-Turra.

le Sénat, à telle enseigne qu'à peine rentrés à Paris, les ministres qui accompagnaient le Président, M. Bourgeois, l'éploré M. Mesureur et M. Lockroy, étaient démissionnaires. A chaque pas, des manifestations politiques se produisaient que M. Félix Faure, malgré leur incorrection, mieux, leur inconvenance, devait subir avec la plus constitutionnelle impassibilité.

Ce voyage, enfin, était à tous égards caractéristique.

Les quelques idées que je me suis formées alors sur M. Félix Faure, voyageur politique, je les ai conservées, telles quelles, après sept ou huit autres voyages. J'avais eu là, en effet, l'occasion de le voir sous maints aspects divers et dans des attitudes très significatives.

Premier élément de succès du Président, devant les foules : sa belle tenue.

Second élément : la crânerie du Président.

Lyon, quand nous y allâmes cette première fois, était troublé d'une confuse inquiétude. La mémoire du sombre événement de juin 1894 y était très vivace encore. Plus d'un Lyonnais, en son for intérieur, redoutait que sa ville fût devenue pareille aux tragiques cités antiques, qu'opprimait une inéluctable fatalité, à Mycènes, où les murs suggéraient le crime. On tremblait. La sûreté arrêtait des anarchistes ou des vagabonds prétendus tels. On se murmurait le soir, au télégraphe, à l'heure de la copie, des nouvelles sinistres : l'un des quelques individus arrêtés dans le Midi, un Italien, aussi, portait sur lui la photographie de M. Félix Faure! Que sais-je encore? L'idée sinistre nous hantait comme un cauchemar.

M. Félix Faure demeurait souriant; nulle inquiétude ne l'effleurait, c'était visible. Au banquet de gala que lui offrit la ville, il prononça un délicat éloge de Sadi-Carnot; sa première pensée fut pour le grand citoyen tombé là, « rencontrant, héros du devoir, une fin digne de sa vie ». Et il louait dans son prédécesseur regretté des qualités qui, disent ses familiers, sont les siennes : « La sévérité et le calme, dont un grand orateur a su dire qu'ils constituent des qualités supérieures chez un chef d'État, parce qu'ils sont les plus sûrs auxiliaires de la raison et conservent au jugement sa lucidité et à la volonté son équilibre. » Les applaudissements furent très enthousiastes. Le gros nuage noir était dissipé.

De cette crânerie conquérante, M. Félix Faure donnera d'autres preuves dans des circonstances moins solennelles. Plus tard nous le verrons, en août 1897, entreprendre cette harassante tournée en montagne, à la suite des alpins. Les routes, quoi qu'on ait fait pour les améliorer, sont mauvaises, pénibles à suivre ; tels itinéraires, même, sont hérissés de difficultés jusqu'au danger. Ce sont précisément ceux-là qu'il choisira. C'est ainsi qu'un jour il redescendra à Moutiers par le col de la Vanoise, à 2.600 mètres d'altitude, tandis que les populations accourront de Modane à la sous-préfecture, saluer au passage le train présidentiel vide. Et, quoi qu'on en dise, l'ardent désir de coiffer, une journée, le béret de laine des petits chasseurs suffirait mal à expliquer cette fantaisie de belle allure. Il fit mieux encore, le lendemain de cette même équipée, en montant à la Traversette, sous une pluie diluvienne, par une journée atroce, en voiture découverte, pour remettre des médailles d'honneur à l'officier et aux soldats survivants de la catastrophe du 3 février 1897, où trois alpins trouvèrent la mort. La cérémonie fut émouvante entre toutes. Les deux ou trois journalistes qui y assistèrent — à quel prix ! — avaient des sanglots dans la voix en nous décrivant le soir ce tableau : dans un site désolé, parmi les nuages bas s'effilochant aux crêtes des monts, le groupe ruisselant des officiers, la main droite au képi, les héroïques petits soldats immobiles, présentant les armes, et, devant le funèbre roc chargé de drapeaux et de couronnes, le Président découvert, de grosses larmes lui perlant sur les joues... Mais aussi quelle impression dans les chalets des environs, et jusque dans la ville prochaine, bourdonnante de foule. Ah ! je vous jure qu'il n'eût pas fait bon émettre par les rues une opinion désobligeante sur le Président !

Je reviens à notre voyage du Midi.

La suite en fut charmante comme promenade, et de bon apport comme reportage. Que d'incidents nous eûmes à télégraphier ! J'ai dit que trois des ministres, MM. Bourgeois, président du Conseil, Mesureur, et l'amiral Lockroy, suivaient le chef de l'État. Non, j'en ai peur, en spectateurs désintéressés. Peut-être, au nombre des joies du voyage, avaient-ils escompté celle « d'embêter un peu l'Exécutif », qu'on me pardonne la trivialité de l'expression. C'était, je l'ai rappelé ci-dessus, le temps du grand conflit entre le ministère radical et le Sénat. Nous marchions de manifestations en manifestations : « Vive Bourgeois ! A bas le Sénat ! Vive la sociale ! » — Comme j'ai l'honneur de vous le dire ! Les potaches, leurs pions, les francs-maçons, les agents de police s'en mêlaient.

A Marseille, ville outrancière s'il en fut, le maire, M. Flaissières, saluait, après le Président, le « grand homme » — il s'agissait de M. Bourgeois — « qu'il avait si heureusement choisi pour lui confier la direction des affaires ». On se félicitait de l'action vigoureuse du Gouvernement pour « précipiter l'évolution sociale ». Le Président de la République ne pouvait plus se montrer à un balcon d'hôtel de ville, pour répondre aux acclamations de la foule, sans qu'aussitôt M. Bourgeois s'y précipitât à son tour, un sourire au coin des lèvres, le binocle goguenard, pareil à Méphistophélès, ombre de Faust. J'ai plaint à plus d'une reprise M. Félix Faure. Lui, conservait toujours l'impartialité du Président modèle. Il présentait aux hurlements antisénatoriaux des membres des cercles démocratiques le même visage aimable qu'aux frais « welcome » des misses blondes, qu'aux vivats sonores des brunes Sud-Américaines de Menton, de Monte-Carlo ou de Nice, alors que les roues de son landau broyaient, par bottes, les mimosas, les violettes et les saignants œillets. Il fut d'un stoïcisme tout constitutionnel.

A part, d'ailleurs, ces menus inconvénients, à part quelques « revendications » un peu trop impérieuses qu'il lui fallut subir çà et là, le programme du voyage comptait de jolis numéros : réception à Cannes de M. Gladstone, à Nice du Prince de Monaco et du Césarewitch ; à Menton de l'Empereur d'Autriche, et visites à rendre à ces illustres personnages, à la duchesse de Leuchtenberg sur son yacht, à la princesse d'Oldenbourg en sa villa de Nice : beaucoup d'occasions de se montrer gentleman accompli, sous l'œil rigoriste de M. Philippe Crozier, sanglé dans son cordon rouge des jours de soleil. M. Félix Faure n'y faillit pas. Il déploya dans ces diverses entrevues toute la bonne grâce dont il est capable ; il dépouilla sans humeur l'habit noir pour endosser la redingote, afin de recevoir, à l'hôtel de ville de Menton, le descendant des Habsbourg, François-Joseph, en grand deuil, grave et belle figure, meurtrie d'une inconsolable tristesse ; de rendre, plus tard, sur les hauteurs de La Turbie, visite au Césarewitch, frêle et timide adolescent blond courbé sous la maladie, et de déposer, en passant, ses hommages aux pieds de l'Impératrice d'Autriche, dans le petit salon tendu de cretonnes claires de l'hôtel du Cap Martin, d'où l'on voyait, à l'horizon, par les fenêtres entr'ouvertes, le décor voluptueux de Bordighera, assoupi dans la tiédeur limpide de l'après-midi.

De toutes ces visites cérémonieuses, la plus cérémonieuse fut celle rendue au prince Albert de Monaco, dans le cadre opulent du séculaire palais Grimaldi, tout historié de fresques italiennes. Il lui fallut essuyer là une étiquette sévère, la plus intransigeante peut-être qu'ait conservée une cour européenne. Il avait dû, en route, se résigner à reprendre, dans une cahute de douaniers, au bord du chemin, l'irréprochable habit noir. Pour la première fois, le Président de la République française était en terre étrangère. Ne riez pas ! Un décret spécial du Prince avait été nécessaire pour que les quelques cuirassiers qui composaient l'escorte de M. Félix Faure franchissent les frontières de la principauté, où la roulette chômait en son honneur ! Et pareillement, depuis Charles-Quint, en

1545, c'était la première fois que les souverains héréditaires de Monaco recevaient, officiellement, et sans doute avec le même cérémonial immuable, la visite d'un chef d'État. Ce fut fort imposant. Dans la cour du palais, entourée de péristyles, des grenadiers en uniforme rose et vert pomme présentaient les armes, la musique de la garde d'honneur du Prince jouait, — non pas de l'Offenbach! L'escalier portant sur chacune de ses marches de marbre blanc deux laquais en grande livrée aux couleurs des Grimaldi, rouge et argent, en bas de soie roses à coins d'argent, en tricorne et en poudre, avait très bel air, et le prince Louis, l'héritier présomptif, attendait au haut, sur le perron, entouré des grands dignitaires, évêque, gouverneur général, le visiteur, — car, pour le seul François-Joseph, me suis-je laissé conter, le prince régnant lui-même, héritier d'une famille qui remonte à l'an onze cent et tant, sort au seuil de sa demeure. Eh bien, devant le trône de velours au baldaquin couronné d'or, au milieu des ancêtres peints par van Loo, par Rigaud, Largillière ou La Tour, comme, plus tard, dans les salles trop dorées de Peterhof ou du Palais d'Hiver, le chef du grand État démocratique fit bonne contenance et représenta la France avec dignité, à son honneur et au nôtre.

Voilà ce qu'est le Président dans les grandes circonstances. Je voudrais vous le montrer maintenant sous un aspect moins solennel un peu.

Nulle part, je crois, M. Félix Faure n'est plus à l'aise que, comme il le dit lui-même, parmi ses pairs, à quelque réception de commerçants, à quelque banquet de chambre de commerce. « Nous parlons, déclarait-il un jour en pareil milieu, le même langage. » Or, c'est un langage de raison et de bon sens, le langage même des affaires.

Ce dont il félicite les négociants qui l'entourent, à Lyon, c'est de leurs œuvres de prévoyance, d'assistance, d'enseignement; ce à quoi il les encourage, c'est aux grandes initiatives, aux entreprises qui auront pour but d'étendre leur champ d'action, de porter loin, plus loin, le renom industriel et commercial de la France.

A la frontière italienne.

Plus tard, à Valence, il jette à ses auditeurs, presque tous grands usiniers, filateurs, chefs d'importants comptoirs, du haut de la table d'honneur qu'il préside, une éloquente invitation au voyage : « Je connais certains débouchés que vous avez pu laisser prendre. Vous avez des enfants, envoyez-les au dehors,

A Rambouillet.

Phot. Boyer.

faites-leur voir du pays. » Et toujours cette saine maxime
et cet avertissement : « Aidez-vous, l'État vous aidera.
Les temps sont rudes. Combattez. Dans la bataille, nous
vous viendrons en aide. » Il sait à merveille les paroles
qu'il faut dire pour fouetter un peu les énergies, et, qu'il
s'agisse d'un discours préparé, d'une réponse improvisée
à l'allocution de bienvenue d'un chef de groupe, du président d'une délégation, il trouvera presque toujours le
mot juste. Il a, de l'orateur, au moins la présence d'esprit, le sens de la riposte précise, et d'effet sûr. Hors les
cas où il lui fallut, à toute force, faire la sourde oreille,
ne pas entendre des récriminations hors de propos,
ou feindre de n'avoir pas entendu des revendications
trop exaltées, cette présence d'esprit l'a plus d'une fois
mis en bonne posture, et lui a valu des succès personnels
flatteurs. Et que de réclamations intempestives, souvent
embarrassantes, n'a-t-il pas à subir !

Les Dracénois souffrent de n'avoir plus de garnison.
La ville déborde d'une amertume qui se traduit par des
cris véhéments de : « A bas le Sénat ! » Le maire est acide :

...Rends-nous nos citadelles !
Nos burgs qui ne sont plus que des nids d'hirondelles !

« Certes, répond aimablement le Président, rien de ce
qui touche Draguignan ne m'est étranger !... Seulement, il y a le ministre de la Guerre, seul compétent. »
Et Draguignan, flatté de tenir une place dans les préoccupations du chef de l'État, pétitionnera à la rue Saint-
Dominique.

A Marseille, le lendemain, le maire réclame, pour tout de suite, la République sociale, — *pas moinsse!* — Que répondre, pour le calmer, à ce démocrate échevelé ? M. Félix Faure lance un couplet de belle humeur et de chaude sympathie :

> Je me suis d'autant plus attaché à Marseille, que je sors des rangs les plus modestes de la démocratie, et je suis fier de le dire dans votre ville, parce que c'est une ville de travailleurs ; c'est peut-être la raison pour laquelle elle m'a reçu comme un des siens!

Ce « grand homme » de M. Bourgeois en est abasourdi et passe au rang des tièdes.

Sans parler des revendications irrecevables. A Lorient, par exemple, un groupe ouvrier se présente à la Chambre de commerce, où le Président est en visite. Son chef porte un long factum qu'il entend lire. On l'en empêche : l'usage, les règles établies. Les hommes s'en vont, maugréant. M. Félix Faure les fait retenir à la porte ; puis, la réception officielle terminée, en sortant, il s'avance vers le chef du groupe : « Mon ami, envoyez-moi une note. Il se peut que vos réclamations soient justes ; je les examinerai avec le plus vif intérêt et je les transmettrai au gouvernement. Mais le moment était mal choisi pour les présenter. C'est de cette façon qu'on perd les meilleures causes. Mais je ne veux pas qu'il y ait de malentendu entre la démocratie et le Président de la République. »

Et, par là-dessus, une vigoureuse, une franche poignée de main. La foule, autour, applaudit! C'était facile ; mais il fallait le trouver. L'esprit le plus inutile, le plus vain, est bien l'esprit de l'escalier.

Je disais tout à l'heure combien M. Félix Faure est chez lui parmi les commerçants et les industriels. Eh bien, il est, je crois, deux milieux où il se sent, s'il est possible, mieux à l'aise encore, où son succès personnel est plus vif : c'est dans la traditionnelle visite aux hôpitaux, et parmi les marins, à bord.

La visite aux malades, aux déshérités, est invariablement inscrite au programme du voyage présidentiel, dans une ville quelconque. La légende veut que, dans telles cités trop heureuses, il ait été fort difficile de réunir des malades; on cite Menton. En général, quel rayon de joie n'apporte pas le passage du cortège présidentiel, conduit par les médecins, à travers la longue enfilade des lits blancs, et quelles lueurs de reconnaissance, d'affection, sillonnent ces pauvres figures désolées par d'interminables, d'atroces souffrances! Plus d'une fois il m'est arrivé, à de certaines paroles entendues, le Président passé, de ne pouvoir retenir mes larmes. Les scènes touchantes que j'ai vues ainsi ! Oh ! la remise, à l'hôpital maritime de Lorient, d'une médaille à un malheureux quartier-maître devenu aveugle à la suite d'un accident de manœuvre, la main tremblante du Président accrochant l'insigne à la vareuse de laine bleue, et le geste affreux du pauvre gars tâtant, pour être bien sûr qu'elle est sur son cœur, cette médaille qu'il ne verra jamais !

Et c'est dans ces visites aussi que se révèle, en M. Félix Faure, une bonhomie que l'étiquette masque trop souvent. A Lyon, visitant l'hôpital de la Croix-Rousse, dont les infirmières portent un si pittoresque costume moyenâgeux, il distribue aux femmes devant les lits desquelles il s'arrête les fleurs que les ouvriers lui ont jetées de leurs fenêtres, au cours de sa promenade dans les tristes rues grises du quartier populeux. A Brest, une fillette lui sourit, avec de grands yeux bleus, des cheveux blonds comme l'épi. Il s'approche, lui tapote la joue. Le regard des yeux d'aube est doux comme une caresse.

— Que voudrais-tu, mignonne, en souvenir du Président de la République?

La petite, les mains jointes, réfléchissait. Elle balbutia, avec ce tranquille aplomb des innocents :

— Une croix d'argent.

Et elle l'eut, avec, je pense, une poupée en plus.

Un peu plus loin, à Brest toujours, une vieille femme :

— Mon fils, dit-elle, mon Président, a donné la main pour vous conduire de votre bord à terre.

Ce fils est marin, en effet, embarqué sur le *Dupuy-de-Lôme*, qui a amené M. Félix Faure.

— Il n'est pas venu vous voir? demande le Président.

— Pas encore!

— Qu'on aille le chercher.

Les marins! la mer! Voilà l'une des prédilections de M. Félix Faure. Il est resté toujours un peu ministre de la Marine, et j'incline à croire que les meilleures heures de ses voyages sont celles qu'il coule à bord de quelque navire de l'escadre. Je l'ai vu — et je l'ai regretté quelquefois — passer indifférent devant des paysages ensoleillés dont la vue était un repos, une délectation pour l'âme ; il n'a jeté qu'un coup d'œil distrait aux admirables portes de la cathédrale d'Aix, qu'on avait, en son honneur, sorties de leur gaine protectrice ; les clochers bretons, mangés de lichens d'or, qui fusent si allègrement vers le ciel gris, ne l'ont pas fait lever les yeux, et tandis que M. Méline visitait l'église admirable de Pleyben, lui, que sa grandeur attachait au rivage, haranguait je ne sais quels rustres en *bragou bras*. Eh bien, tout cela, je l'oublie en présence de l'amour qu'il témoigne pour la mer. Pas de bon voyage présidentiel pour lui qui ne s'agrémente d'une traversée en escadre.

Une gravure, publiée par un illustré, le représenta sur je ne sais plus quel cuirassé, assis en un rocking, embossé dans son pardessus, le col relevé, à l'abri des embruns, et — *horresco!* — fumant une pipe ! oui, Monsieur Crozier, fumant une pipe. Et je jurerais que, dans ce moment-là, il ne songeait pas aux harangues qui se préparaient, aux flux de niaiseries ou de lieux communs qui le menaçaient, pour le soir ou le lendemain, et qu'il ne regrettait ni les causeries mesurées du salon diplomatique, ni l'habit noir, ni le cordon rouge !

Avec quel amour il parle de la mer ! avec quelle bienveillance il parle aux marins ! Pour louer leur indomptable courage, leur abnégation à toute épreuve, il trouve des accents d'une empoignante sincérité. La conviction donne à ses paroles une chaleur communicative qu'elles n'ont pas toujours quand il lui faut se traîner dans les arides sentiers de la politique, où errent tant de lourdauds à gros sabots. Je ne crois pas qu'il ait été jamais mieux inspiré que dans le discours qu'il prononçait à Brest, le soir du 6 août 1896.

Aussi c'est auprès des marins, que M. Félix Faure a trouvé la plus imposante, la plus émouvante ovation qui, à ma connaissance du moins, lui ait été faite dans ses déplacements officiels, cette extraordinaire, cette formidable manifestation du hall Fautras, à Brest, toujours, où, mêlés aux ouvriers, aux sous-officiers de l'armée de terre, les officiers mariniers formaient la grande majorité, et où, tout à coup, à l'entrée du Président, aux accents de la *Marseillaise*, une foule immense, très calme une minute auparavant, se levait frémissante, ivre d'enthousiasme, et acclamait de hourras sonores, roulant comme un fracas d'orage sous le haut plafond vitré, la République et Félix Faure, têtes

Déjeuner à la Grande-Casse.

découvertes, des milliers de mains tendues au ciel.

Ah ! ce voyage à travers la chère et dolente Bretagne ! nul autre n'est entouré dans mon souvenir d'un charme si pénétrant.

J'avais vu, dans le Midi, M. Félix Faure au milieu des pompes codifiées des réceptions diplomatiques; je l'avais vu, à Nice, à Cannes, à Menton, acclamé par le Pérou et le Nicaragua, vibrant de sonores acclamations, par de blondes misses criant « hourra » à briser leurs voix argentines, dans une atmosphère embaumée où les effluves des fleurs jonchant la voie triomphale montaient vers les cieux comme des fumées d'encens; je l'avais vu, à Arles, où la ferrade rassemblait les filles aux arènes, salué par un parterre d'idéales beautés en chatoyants atours. Je devais le voir, depuis, faisant faire les premiers pas, sur la terre

Passage du Doron.

de France, à l'épouse auguste du tsar Nicolas, si idéalement belle, ce soir d'octobre; plus récemment hôte adulé d'un monarque puissant, il marchait sur les rives de la Néva d'ovations en ovations. J'étais là. Eh bien, dans la capitale du Tsar omnipotent, à Cherbourg, par l'après-midi pluvieux et venteux, comme sur les Alpes froides, partout et toujours, je me suis rappelé avec un émoi délicieux notre Bretagne en fête, et son demi-sourire des grandes joies; je me suis rappelé, sous le ciel mélancolique où le jour, à chaque heure, semble prêt à mourir, la foule de Paimpol, foule de vieux, foule de veuves et d'esseulées, foule de tout petits que la mer attend, dont les vivats avaient des sons de sanglots qui s'exhalent; et encore, sur les grandes routes serpentant entre les guérets dorés par les chaumes ou blancs de la neige des sarrasins, notre promenade à travers la farouche Cornouailles, de Carhaix à Châteaulin, avec la cavalcade galopante des gars en vestes bleues ocellées de broderies naïves. Plus de fleurs, plus de cris, plus de flamme, plus d'arcs emplis de radieuse lumière, mais, sur le bord des chemins, loin des petits villages blottis dans la pénombre des vieux chênes, des hommes recueillis, tête nue, muets, des femmes agenouillées, le chapelet à la main, priant comme à l'église, pour cet homme qui passe, rapide, qu'ils ne reverront jamais plus, et qui représente la France.

XV

L'Apothéose.

Ce que fut le voyage du Tsar et de la Tsarine à Paris, ce serait temps perdu de le redire. Le couple impérial passa devant les yeux de trois millions de Français comme une éblouissante vision, — or, argent, diamants — dans le fond des carrosses archaïques, oubliés depuis 1870. A l'Hôtel de Ville, à l'Opéra, sur les boulevards, aux Invalides, partout enfin, il laissa la même impression : la stupeur joyeuse d'avoir enfin, tout près de soi, ces hôtes espérés depuis longtemps. — La photographie, la gravure, la peinture, ont reproduit tous les actes de cette grande « pièce patriotique » en cinq journées. Elle est dans toutes les mémoires.

Mais plus encore que cette visite des Souverains russes, le déplacement du Président de la République française dans le domaine des autocrates Romanoff — la Russie n'est rien d'autre — surexcita nos foules. On imprima notamment « que ce fut une apothéose ». On écrivit que

« du Nord au Midi, la France entière suivait le chef de l'État dans ce voyage où il emportait les vœux de la Nation; que M. Félix Faure mettait l'une dans l'autre les mains des deux peuples; que cet événement fut l'un des plus considérables du xixe siècle; qu'il a fait battre à l'unisson cent mille cœurs de patriotes; et qu'enfin les deux nations allaient marcher côte à côte dans la voie de l'honneur, pour le maintien de la paix »... On a agité des drapeaux de toutes couleurs, on a pavoisé, on a embrassé des marins, des soldats, des cosaques, et l'on a acclamé le Président et montré le poing rageusement à la triple alliance.

Soit. A la longue, un peu lassé que nous sommes par le patriotisme trop encombrant des journaux chers aux camelots et des couplets de revue et de cafés-concerts, nous ne nous sentons plus la force de refaire un morceau dans ce sens, et de discuter ou d'apprécier la valeur exacte de ces phrases, dont l'enthousiasme s'excuse, non plus qu'il ne nous convient d'examiner si ce mot d' « apothéose » doit s'appliquer aujourd'hui à la personne du Président, ou plutôt, à la politique sage et bien avisée suivie par les deux nations mêmes durant et depuis ces journées mémorables.

Aussi bien, nous pouvons à cette heure, et c'est préférable, constater déjà quelques résultats de cette politique; nous pouvons apprécier que cette apothéose n'a pas été un brillant bouquet de feu d'artifice.

Si la Russie nous doit le raffermissement de son crédit financier, nous lui devons dès maintenant une aide morale dans les différents grands événements internationaux qui viennent de se dérouler devant nous : il est certain que le sentiment qu'a l'Europe de notre alliance avec la Russie a eu une influence très importante sur le maintien de la paix lors du conflit gréco-turc, qui se serait terminé si facilement en conflagration universelle; il est certain aussi que l'entente des deux chancelleries a pesé de quelque poids dans le différend qui vient de s'élever en Chine, entre tant d'ambitions si diverses, à peine dissimulées.

Des esprits amers déclareront que dans ces circonstances et dans d'autres encore, la France s'est cantonnée, pour plaire à la Russie, dans un rôle pondérateur, et que ce rôle n'est digne ni de ses traditions de gloire, ni de son rayonnement intellectuel, ni de son autorité de puissance chrétienne. Mais à ceux-là on peut répondre que nous en avons fini des expéditions de don Quichotte et que « le Pays », le fameux pays des camelots qui trouvent déjà

Phot. Nadar.
Général Hagron,
Chef de la maison militaire du Président de la République.

bien dure la charge militaire des vingt-huit jours, n'entend pas jouer les tranche-montagnes et préfère la sécurité honorable d'une alliance défensive, aux glorioles des grandes pensées d'un règne... Quel règne!... celui des équipes de la rue du Croissant!...

En outre, cette « apothéose », puisque apothéose il y a, nous a rendu le service de nous débarrasser des criailleries un peu comiques, mais agaçantes tout de même, d'une bande de patriotes soupçonneux et malins, qui réclamaient à tout instant qu'on leur montrât, pour affermir leur joie et consolider leur conscience, « l'instrument diplomatique ». (O mânes de M. Duclerc! Quel service rendu aux foules par cet homme d'État en leur révélant ce mot d'argot de chancellerie, qui leur donne l'air de s'y connaître!...)

Il ne se passait pas de semaine sans qu'on demandât la production, presque l'exhibition, au public, en une châsse d'or, à la tribune de la Chambre, puis sur le parvis de Notre-Dame et devant les bureaux de l'*Intransigeant*, de cet instrument sans lequel ces Thomas ne pouvaient croire à leur bonheur.

Il leur fallait à tout prix un parchemin, un texte de traité, scellé, paraphé, selon toutes les règles d'étiquette des cours. Depuis « l'apothéose », c'est-à-dire depuis son point culminant, qui fut la scène du *Pothuau* où le toast de l'alliance fut porté, ces inquiétudes naïves et intéressées se sont calmées, et on ne nous parle plus de l'instrument, qui est allé rejoindre le bric-à-brac diplomatique dans le magasin des accessoires de guerre... M. Félix Faure et le Tsar Nicolas en soient loués!

Enfin, s'il plaît quand même à quelques-uns de discutailler sur ce mot « d'apothéose » appliqué au Président en personne, on éprouve quelque satisfaction à voir aujourd'hui, avec le recul des événements, d'après maints petits faits qui se sont produits, que le Président, dans ces conjonctures difficiles, s'est conduit en homme de tact, en Français de la vieille roche dont l'affabilité mesurée et sincère conquiert définitivement les sympathies. Dans les milieux boulevardiers ou mondains, ainsi que dans les bureaux d'opposition, on a pris comme thème de mots d'esprit ces relations subites entre l'ancien tanneur et le descendant des Romanof. On a représenté, tantôt un Félix Faure bizarrement enorgueilli, jouant à la façon d'Henri IV avec la petite impératrice Olga, joli sujet de pendule ou de caricature; tantôt un Félix Faure mal à l'aise, exagérant sa raideur et commettant des impairs que le Prince de Galles, arbitre des élégances internationales, ne commettrait même pas chez Paillard. Le Président, a-t-on dit dans le Faubourg, n'a-t-il pas été assez peu au courant des délicatesses souveraines pour se présenter devant le Tsar et la Tsarine en paletot sur son habit noir!...

En paletot sur un habit, en Russie!... N'y a-t-il pas là de quoi remplir de vent et faire siffler d'elles-mêmes toutes les clefs que les chambellans impériaux portaient jadis dans le dos? Et ceci, et cela, et ceci encore. Or, il faut remarquer que, depuis que M. Félix Faure est revenu de Russie, il a conservé avec le couple impérial des relations, dont la cordialité presque personnelle s'est traduite par des envois de télégrammes en des occasions qui dépassent l'ordinaire moyenne des témoignages de bonne entente échangés entre alliés que guident seulement les intérêts matériels.

Il est probable que s'il eût forcé la note d'une intimité consentie et si l'apparition de son pardessus malencontreux avait laissé quelque impression défavorable dans l'esprit de ses hôtes, ceux-ci n'auraient pas saisi plus tard la moindre occasion d'assurer à M. Félix Faure la persistance de leurs agréables souvenirs; ils n'auraient pas mis dans les négociations diplomatiques, notamment dans celles qui ont présidé au changement d'ambassadeur, tant de « liant ». Enfin, ils n'auraient pas fait savoir à diverses reprises que leur désir était de revoir, en compagnie de leur visiteur de Peterhoff, ce Paris où ils ont été tant fêtés et où ils sont espérés en 1900.

M. Le Gall,
Directeur du Cabinet du Président de la République.
Phot. Boyer.

On a si longuement et avec de si nombreux détails

raconté ce voyage en Russie, qu'en le racontant à nouveau on s'expose à de fastidieuses redites. Il suffit, semble-t-il, d'en rappeler les dates principales et de mettre en lumière deux ou trois faits les plus importants où s'est affirmée la volonté bien arrêtée de l'Empereur d'être personnellement agréable à son hôte, en honorant en lui « la nation amie ».

Le voyage s'est accompli du 18 au 34 août, sur lesquels l'aller et le retour ont pris plus d'une semaine.

Quinze jours à l'avance, dès que la décision du Président et du Conseil des ministres eut été connue, dès que l'on eut fait taire les réjouissantes susceptibilités de quelques « parlementaires » qui voulaient que les « baromètres » des délégations de la Chambre et du Sénat indiquassent l'état exact des esprits en Russie, après qu'on eut limité aux proportions voulues par le Tsar cette manifestation de sympathie, la presse ne parla plus guère d'autre chose que de ce voyage. On étudia à l'avance, on passa au crible tout le programme; on décrivit par le menu l'installation faite pour le Président à bord du *Pothuau*, installation qui comprenait, entre autres choses surprenantes pour des polémistes verveux, une baignoire. (Elle n'était pas d'argent, heureusement!) On énuméra le nombre de chemises, d'habits, de chapeaux hauts de forme qu'emportait le Président, on interviewa même son premier maître d'hôtel, et on apprit de lui, pour l'imprimer aussitôt, « que M. Félix Faure est un bon patron, mais qu'il faut que tout marche, sans quoi il *rouspète* »; bref, l'opinion indiqua à sa façon, cette façon bizarre que lui inculquait le reportage, qu'elle ne consacrerait désormais son attention qu'à ce qui se passerait sur les bords de la Néva.

En fait, M. Félix Faure partit avec un apparat convenable, mais sans plus.

Il n'est pas sans intérêt de donner la nomenclature sommaire de la suite du Tsar.

Cette suite se compose de 57 aides de camp généraux, dont 2 feld-maréchaux, 1 grand amiral, 42 généraux en chef, 10 lieutenants généraux, 2 généraux majors. La suite de l'Impératrice comprend : 7 généraux majors, 33 aides de camp, parmi lesquels figurent 17 colonels, 4 capitaines, 3 capitaines en second de cavalerie, 7 lieutenants, 2 cornettes.

Notre Président, lui, quitta Le Havre, s'embarqua à Paris, puis à Dunkerque, avec M. Hanotaux, et ses secrétaires, l'amiral Gervais, le général Hagron, M. Le Gall, le commandant Bourgois, M. Blondel, les commandants Meaux Saint-Marc, de La Garenne et deux attachés du Protocole (encore ceux-ci se trouvaient-ils sur le trop fameux *Bruix*). M. le général de Boisdeffre, envoyé extraordinaire, et M. Mollard attendaient à Saint-Pétersbourg. En plus du *Pothuau* et du *Bruix*, l'escadrille française comportait un troisième bateau, le *Surcouf*.

Précédemment, l'empereur Guillaume était venu dans les mêmes eaux russes avec une très nombreuse escorte de généraux empanachés et des forces navales imposantes.

On conviendra que dans ces conditions modestes, si le petit groupe de Français qui nous représentaient ont consolidé l'alliance, ils l'ont dû en grande partie à leurs qualités personnelles autant qu'à des considérations d'État.

Le départ de l'escadre de Dunkerque, le 18 août, à 3 heures de l'après-midi, donna lieu à une manifestation populaire très chaleureuse. A 5 heures, l'escadrille avait disparu dans le lointain. Sa traversée ne devait être marquée que par le sol accident du *Bruix*, auquel on remédia aussitôt par l'envoi du *Dupuy-de-Lôme*. On ne saurait guère, en dehors de cela, ce qui s'y est passé, si quelqu'un, qui ne s'est pas nommé, n'avait eu l'aimable précaution de tenir, pour la postérité, un livre de bord très minutieux. Ce document a paru

Phot. Nadar.

M. Blondel,
Chef du Secrétariat particulier du Président de la République

dans le *Figaro*; il est amusant par sa sincérité et son ton de respect trop méticuleux. En voici quelques passages pittoresques, gastronomiques, etc..., « miettes de l'histoire » :

Ayant répondu d'un dernier coup de chapeau aux souhaits de bon voyage qu'on lui crie de toutes parts, M. Félix Faure se fait indiquer ses appartements où, dix minutes plus tard, on lui envoie, sur sa demande, les cartes marines dont il sera fait usage durant la traversée, et un atlas.

M. Hanotaux, déjà en complet bleu et casquette de yachtsman (casquette que le Président lui envie), pose nombre de questions à un officier qui, lui, n'a pas encore eu le temps de quitter la grande tenue.

Le Président arbore un mou de couleur claire, sa coiffure habituelle dans les précédents voyages, en mer du moins, d'après les dessins de l'*Illustration*, et endosse un léger pardessus noir, car la fraîcheur du large commence à se faire sentir. Il se promène lentement, comme heureux de sentir sous ses pieds le pont d'un bateau et de marcher au tangage et au roulis avec l'aisance d'un vieux matelot.

M. Hanotaux se fait apporter une chaise et se met tranquillement à lire, dans un coin bien abrité; on jurerait qu'il a ses habitudes à bord depuis bien des jours.

A 7 h. 30, le Président, en smoking, se met à table entre M. Hanotaux (qui porte l'uniforme de petite tenue du corps diplomatique) et le général Fréedéricksz.

Le contre-amiral de Courtilhe, commandant les navires de l'escorte, lui fait face, ayant à sa droite l'amiral Gervais et à sa gauche le général Hagron. Les autres convives sont M. Le Gall, le capitaine de vaisseau Germinet, commandant du *Pothuau*; les capitaines de frégate Dartige du Fournet et Poidloue, le commandant Bourgois, de la maison militaire; M. Bertrand, secrétaire du ministre des Affaires étrangères, et quatre officiers invités par le Président.

Tous les officiers sont en épaulettes.

Le Président est servi dans de la vaisselle plate marquée d'un O et d'une ancre, le tout fourni par le ministère de la Marine; l'argenterie date vraisemblablement du second Empire, car elle porte une couronne. Le service, fait par des valets de pied de la Présidence, est dirigée par M. Clair, aussi impassible et correct qu'à l'Élysée ou à la villa du Havre. Les craintes que l'on avait eues sur la résistance du personnel ne sont pas fondées, du moins jusqu'ici.

Le menu représente l'avant d'un canot portant pavillon présidentiel aux initiales F F. Un matelot, la gaffe à la main, se tient debout et comme prêt à accoster la rive.

MENU

Potage pointes d'asperges
Caisses parisiennes
Tourte Grau
Dindonneau rôti
Homard en bellevue
Petits pois à la française
Suprême, Fruits
Sauterne, Romanée

Le Président boit un petit verre de curaçao blanc, qu'il affectionne.

L'excellente musique des équipages joue pendant tout le temps du dîner.

Celui-ci terminé, le Président demande sa pipe et monte s'asseoir sur le pont, où se continue, dans une demi-obscurité et d'une façon tout à fait simple, la conversation commencée à table.

— C'est un homme qu'a navigué, disent les matelots, y fumerait pas la pipe sans ça.

Ce symptôme ne les trompe pas.

A 10 heures, le Président se retire, les autres personnes de la suite l'imitent presque aussitôt.

Jeudi 19. — Mer mauvaise. Orage.

Le Président, levé de bonne heure, la baignoire étant un peu courte pour sa taille, prend une douche dans le cabinet de toilette attenant à sa chambre à coucher, déjeune sommairement de thé; puis il va sans retard respirer l'air matinal. Il est en cronstadt, pardessus, gants blancs et guêtres blanches, cravate noire avec épingle reproduisant F F en argent, et fait une promenade solitaire d'une heure sur le spardeck, où nul ne se rend sans une invitation expresse de sa part.

A 11 h. 30, déjeuner, qui dure très peu de temps.

MENU
Melon glacé
Œufs à la Polignac
Rouget grillé maître d'hôtel
Épaule de mouton jardinière
Jambon — Salade

Flageolets sautés
Vin blanc
Cidre — Bordeaux

Phot. Boyer.
Colonel Ménétrez.
De la Maison militaire du Président de la République.

Le Président est en redingote bleu marine, gilet blanc. A peine sorti de table, le Président s'en va fumer un cigare en regardant faire des sondages qui semblent l'intéresser beaucoup. Il interroge les amiraux sur le régime des vents en cette saison, celui des courants ; tout est matière à questions, jusqu'aux petits vapeurs pêcheurs de harengs que l'on aperçoit entre les grains.

Longue conversation sur les espèces diverses de poissons qu'on trouve en ces mers. Puis il gagne le banc de quart, où tous les organes de manœuvre (compas, barre, porte-voix) sont groupés sous les yeux de l'officier de service.

On vient d'augmenter un peu l'allure et le Président désire voir comment se comporte le navire dans ces nouvelles conditions. Il demande ce qu'on dépense de charbon . 70 tonnes par jour.

Il retourne ensuite dans son salon et n'en sort que pour aller de temps à autre faire les cent pas sur la galerie qui épouse les formes de la poupe et donne sur le salon.

..... L'après-midi est interminable. Après le dîner, piquet du Président, à 10 heures, extinction des feux. M. Hanotaux et le général Fréedéricksz « s'oublient jusqu'à minuit à regarder les étoiles »......

Vendredi 20. — Belle journée, en vue des côtes danoises.

Il fait si beau que le Président ne peut se résoudre à vivre ailleurs qu'au plein air. On lui apporte un rocking-chair et il engage avec M. Hanotaux un entretien qui dure une partie de l'après-midi. Vers 5 heures, une table à jeu est dressée près de la tourelle du canon de 19; le commandant Bourgois et M. Le Gall viennent faire le whist du Président et, au moment où le soleil, d'un rouge intense, disparaît derrière les terres de l'île Seeland, la partie dure encore.

Phot. Boyer.

Commandant de La Garenne,
De la Maison militaire du Président de la République.

Samedi 21. — Quand le Président quitte ses appartements, vers 10 heures, l'île de Gotland est signalée. On passe rarement dans l'ouest de Gotland. C'est pour obéir au désir du Président que ce léger crochet a été fait. Il veut savoir des nouvelles du *Dupuy-de-Lôme*, envoyer ses compliments au roi de Suède et se mettre en communication avec le gouvernement français. M. Le Gall prend ses ordres pour le télégramme à expédier que le président lui dicte en se promenant. Quelques alouettes de mer voltigent, en poussant de petits cris. Deux ou trois valets de chambre en livrée (coiffés d'un béret basque en dehors de leurs heures de service, ce qui, avec la livrée, produit un effet des plus bizarres) font remarquer de loin aux matelots les miettes de pain que le Président a fait placer sur une plate-forme, dans l'espoir d'attirer les oiseaux de mer. Plusieurs se risquent et fondent brusquement sur l'objet de leur convoitise, s'enfuyant ensuite à tire-d'aile.

Dimanche 22. — C'est aujourd'hui dimanche et les officiers passent une inspection détaillée du navire. Pendant ce temps, les marins restent alignés et la musique joue des airs variés, l'ouverture de *la Vie pour le Tsar!*, *la Tsarine*, etc., morceaux tout à fait en situation. Par une de ces attentions délicates qui vont au cœur des hommes, le Président fait appeler le chef de musique Souin (qui ne s'y attendait nullement), et lui remet les insignes d'officier d'académie, appréciant de quelques mots flatteurs sa valeur professionnelle.

MENU DU DÉJEUNER
Hors-d'œuvre
Tête de veau vinaigrette
Chateaubriand béarnaise
Pommes de terre sautées
Poulet rôti
Salade
Haricots verts à l'anglaise
Vin blanc — Cidre — Bordeaux

Lundi 23 août. — Très beau temps et bonne nouvelle.

Le *Dupuy-de-Lôme*, qui nous a rattrapés dans la nuit, est en ligne avec le *Surcouf*, et c'est lui qui a répondu au salut de vingt et un coups de canon fait à 6 heures du matin par l'escadre russe de la mer Baltique, qui navigue maintenant en avant-garde.

Le Président prie le contre-amiral de Courtille de témoigner au capitaine de vaisseau Valéry la satisfaction qu'il éprouve pour la façon brillante dont le *Dupuy-de-Lôme* a exécuté les instructions reçues au départ de Dunkerque. Ce croiseur a marché à 17 nœuds pendant quatre jours.

L'escadrille française est arrivée sur rade de Cronstadt le 23 août vers 10 heures du matin; le yacht impérial *Alexandria* et le yacht *Strela* sont venus au-devant du *Pothuau*, à bord duquel est monté le grand-duc Alexis pour souhaiter la bienvenue au Président; celui-ci s'est rendu sur l'*Alexandria*, où l'attendait le tsar Nicolas, en costume de capitaine de vaisseau. Accolade, présentation, puis en route pour Peterhof, où de nouvelles présentations ont été faites. Le Président a été conduit immédiatement dans ses appartements, qui occupaient une partie de l'aile gauche du palais, où il s'est reposé pendant quelques instants.

La première journée du Président fut consacrée aux visites officielles ; l'Impératrice rappela très gracieusement à M. Félix Faure le plaisir qu'elle avait éprouvé à Paris, l'émotion qu'elle avait ressentie au contact de nos foules vibrantes. Le soir, grand dîner au Palais Impérial : 170 couverts; premier toast, où il est déjà question, du côté du Tsar, des liens d'amitié, de sympathie profonde, qui unissent la France et la Russie; du côté du Président, « du cœur des deux peuples qui bat à l'unisson dans une même pensée de fidélité réciproque et de paix ». Puis, la soirée s'achève dans un de ces galas de cour qui semblent avoir laissé une inoubliable impression dans la mémoire de ceux qui y ont assisté. Il y eut une dizaine de journalistes français dans ce cas ; les journalistes russes, eux, n'avaient même pas le droit de parler de toutes ces fêtes le jour même : il leur fallait attendre le contrôle de la censure !

La seconde journée fut une journée populaire, une journée passée entièrement par le Président au milieu du peuple russe. La physionomie paraît en avoir été très curieuse. Il convient de ne pas oublier, à son sujet, que l'empire russe est terriblement autocratique et que les « grands courants » d'opinion ne s'y dessinent, ne s'y étalent qu'avec l'autorisation, sinon même sur l'invitation du souverain. Un sujet du Tsar n'ornerait pas, sans cela, sa fenêtre d'un drapeau ; son concierge, qui est un fonctionnaire agréé par la police, ne le tolérerait point. Aussi, cette fois, comme toujours, le signal des réjouissances avait été donné d'en haut : le « Journal de Saint-Pétersbourg » avait publié l'avis suivant :

> Le jour de l'arrivée dans notre capitale de M. le Président de la République française (12 août), toutes les maisons de la ville seront pavoisées de drapeaux aux couleurs nationales russes et françaises. Les travaux de décoration des façades, perrons, balcons et fenêtres, commenceront à partir d'aujourd'hui 9 août. La pose des drapeaux ne commencera que le 11 août de très grand matin.

C'est bref et impératif.

Tout à coup, le samedi, dans l'après-midi, un petit mouvement se dessine. Autour des marquises qui précèdent presque chaque porte de maison, des andrinoples, des étamines bleues, des calicots semés de lambeaux d'étoffe noire, commencent à s'étaler autour des colonnettes de fonte, des banderoles tricolores s'enroulent ; les *dvorniks* (portiers), à qui les instructions du ministère de la police ont été directement notifiées, sont affairés, vont et viennent, et lavent et astiquent. Au bandeau de l'arc de triomphe qui donne accès sur l'esplanade du Palais d'Hiver, se détache en or sur un fond pourpre le vœu : « Bojé tsara krani! » A l'angle des rues Michel et Newski, une colossale statue de la Paix s'érige, et, le dimanche, les premiers drapeaux font leur apparition, les mâts rouges se multiplient, des bustes de plâtre, des effigies peintes se laissent voir derrière les vitres ; des écussons s'accrochent, flanqués de faisceaux de drapeaux. Une floraison inespérée s'est épanouie aux fenêtres, aux portes, aux devantures, à la galerie des tramways, à la main des passants, aux boutonnières, aux chapeaux ; partout du bleu, du blanc, du rouge, les couleurs russes, les couleurs de France. Et les yeux des Français enchantés s'amusent de tout, des cocardes, des chapeaux, des bustes du Tsar, de l'Impératrice et de M. Félix Faure, qui sourient, en plâtre neuf, à certains balcons, au milieu de véritables reposoirs de calicot, de verdure et de fleurs, et des inscriptions délirantes, répétées à tous les coins de rue : « Vive la France! Vive la France! Soyez les bienvenus! Salut à nos hôtes! » On distribue — par quels soins? — des myriades de petits drapeaux. Des marchands de cocardes circulent péniblement, entourés, bousculés, harcelés de demandes. On prend d'assaut leur fragile éventaire. Le décor est au point : arcs triomphaux, guirlandes de sapins verts, banderoles, festons aux trois couleurs.

Çà et là, les Français qui sont reconnus sont comblés de prévenances, d'ovations souvent gênantes — et même désagréables. On veut les porter en triomphe, et c'est en vain qu'ils se débattent. Si la foule russe est, obligatoirement, lente à s'émouvoir, quand elle en a reçu la permission, elle égale, elle surpasse en violences de démonstrations amicales nos foules parisiennes. C'est un feu, — un feu de paille, car il ne dure que juste le temps calculé, accordé, — mais un feu très ardent... On se souvient des aventures et mésaventures de ces mathurins transportés de bras en bras jusqu'au cabaret, gorgés d'eau-de-vie, embrassés, échangeant bérets contre casquettes, ratant, le soir, la rentrée du bord et revenant — quelques-uns — en France un mois après le départ du *Pothuau*. Patara et Bredindin, les bons matelots, ne reconnaissent certainement pas à qui que ce soit dans la flotte le droit de « savoir bosser », s'il n'a pas été à Pétersbourg !...

M. Félix Faure se promena en voiture, de midi à 5 heures, au milieu de cette foule. C'est en passant en revue, au départ, sa garde particulière d'honneur qu'il lui adressa, pour la première fois, le fameux salut « Zdorowo, molodtzi » - « portez-vous bien, mes braves » qui a défrayé les gaietés des « cinq à sept », ici — et qui, là-bas, ne semble point avoir produit mauvais effet.

Le programme de cet après-midi comprenait en outre une visite au tombeau d'Alexandre III, où le Président retrouva les couronnes françaises, notamment celle qu'il avait envoyée lui-même, à l'époque de la mort du Grand Tsar; il y déposa une superbe branche d'olivier en or, puis il se rendit à la maison de Pierre le Grand, et enfin il rejoignit le Tsar sur les bords de la Néva, pour l'inauguration du pont Troïky. Cérémonie fort grandiose, mais gâtée par la pluie. Au retour, le Président, seul maintenant en voiture, fit une traversée triomphale de la ville jusqu'au Palais d'Hiver, où il reçut le corps diplomatique, les maréchaux de la noblesse, les notables de Saint-Pétersbourg, qui lui lurent une adresse et lui offrirent des présents. « Il en pleuvait », comme disent les mathurins, de tous les points de l'Empire!... Le soir, le Président offrit un dîner à l'ambassade de France, que M. de Montebello avait décorée majestueusement. Et jusqu'à minuit, les Pétersbourgeois criaient « Vive la France! » dans les rues illuminées.

La troisième journée fut celle de la revue de Krasnoié-Selo.

Il pleuvait encore ; cependant un rayon de soleil a percé les nuages pendant le défilé qui a montré au Président une armée alliée très solide, avec une cavalerie de tout premier ordre. A noter un seul incident, la présence, à la tête du régiment de l'Impératrice, du prince Louis-Napoléon, qui a fait le salut le plus correct; puis, la distribution par M. Félix Faure des brevets et des médailles françaises aux premiers officiers-élèves sortant des diverses écoles. Enfin, au déjeuner, des toasts encore : le premier porté par le Président, qui fait l'éloge de l'armée russe et lui exprime, au nom de l'armée française, « ses sentiments de réciproque confiance et de confraternité »; le second toast, porté par l'Empereur,

« en l'honneur de ses camarades de l'armée russe ». Le soir, nouveau dîner, nouveau gala.

On remarquera que, dans ces toasts, la cordialité va en croissant. Cependant, le voyage touche à son terme et les agences télégraphiques n'ont pu encore transmettre aux deux mondes le mot que chacun espère, en France, le mot d'alliance. C'est dans l'après-midi de cette troisième journée, dit-on, que le Tsar résolut qu'il serait prononcé. On raconte qu'il eut avec M. Félix Faure et M. Hanotaux et M. de Mouraview un entretien décisif, dont il avait lui-même pesé la portée car, dans tout ceci, il semble avoir agi de sa pleine autorité, dédaignant souvent l'étiquette, décidant, par exemple, d'aller au-devant de son hôte, à bord de l'*Alexan-*

M. Crozier,
Directeur du Protocole.

driа... Bref, le quatrième jour, au matin, quand il se rendit sur le *Pothuau*, avec l'Impératrice, pour assister à un déjeuner que le Président offrait à Leurs Majestés, « l'alliance » était faite dans son esprit et allait être révélée solennellement. A l'heure des toasts, le Pré-

Au débarcadère de Peterhof.

sident de la République se leva le premier et, après des remerciements tournés en langage diplomatique, mais qu'on sent néanmoins émus, il dit la phrase célèbre : les fêtes « ont rapproché des mains qui se tendaient, et permis à deux nations *amies et alliées*, guidées par un idéal commun de civilisation, de droit et de justice, de s'unir fraternellement dans la plus sincère et la plus loyale des étreintes ».

Au milieu de l'émotion intense des convives, le Tsar à

son tour se leva, et, comme M. Félix Faure, il lut le texte de son toast; sa voix forte et bien timbrée appuya un instant sur ces paroles : « Votre séjour parmi nous crée un nouveau lien entre nos deux nations *amies et alliées* également résolues à contribuer par toute leur puissance au maintien de la paix du monde dans un esprit de droit et d'équité. »

C'était fait. Il était 2 heures de l'après-midi, à 3 heures et quart à Paris dans les bureaux de rédaction, l'Agence Havas téléphonait le texte de ces discours qui étaient la conclusion fructueuse de tant de pourparlers, de tant d'aménités jusqu'alors sans résultat pratique en apparence. Ce fut, dans le monde pourtant sceptique de la presse, une grande joie, et ce fut surtout dans Paris comme un soulagement, un allégement de toutes les préoccupations patriotiques sincères. Le lendemain, les journaux commentèrent le fait avec une juste fierté, mais, heureusement, sans rodomontades. Pour la première fois peut-être depuis longtemps, il n'y eut presque pas ce qu'on nomme, dans la presse, la note discordante.

Les derniers adieux échangés, l'escadre française reprit le large et, le 31 août, le Président débarquait à Dunkerque. Comment il y fut reçu, comment, le soir, il fut accueilli à Paris, nous n'avons pas besoin de le redire. Ces événements sont très près de nous; on se rappelle l'organisation du comité du commerce et de l'industrie, les ovations de la foule, la fête de l'Opéra, et enfin, plus tard, le banquet de la Bourse du Commerce. Le peuple de Paris, ou plutôt le peuple de France entier, qui, dans les plus petites villes, a pavoisé et illuminé, a prouvé dans ces circonstances qu'il appréciait à son juste prix la grande œuvre de sécurité nationale que le Président venait d'achever avec tant de bonheur et tant de dignité.

Ma foi, c'était bien « l'Apothéose ».

TABLE

	Pages.
Silhouettes	1
L'Élection	19
A travers la Presse	37
Le petit tanneur	55
Au Havre	67
L'Élysée	77
Une journée du Président	91
Réceptions et fêtes	107
Les chasses	119
La Charité	127
L'Orateur au Parlement	137
Aux Colonies. — A la Marine	163
Une étude financière	181
Les voyages	191
L'Apothéose	235

F. JUVEN, Éditeur, 10, rue Saint-Joseph, PARIS

NOS CHERS SOUVERAINS
par PAUL BOSQ

M. Bourgeois.

Sous ce titre, M. Paul BOSQ vient de publier une très curieuse et importante série de portraits de nos hommes politiques, sénateurs et députés, nos maîtres d'hier, d'aujourd'hui et de demain.

Sans aigreur, sans violence, mais avec une pointe d'ironie très aiguisée, avec la philosophie d'un Figaro qui s'empresse de rire de tout pour ne pleurer de rien, M. PAUL BOSQ retrace, en des pages vivement enlevées, l'histoire des divers partis qui ont tour à tour gouverné la République, et rappelle les exploits de ces maîtres, qui nous sont chers. Enfin LÉANDRE a crayonné pour cet ouvrage ses plus spirituels dessins et ce n'est pas un des moindres attraits de ce volume tout de malice et d'esprit.

Tous les grands journaux sans distinction de parti, le *Figaro*, le *Journal*, l'*Echo de Paris*, l'*Intransigeant*, le *Soleil*, le *Matin*, le *Temps*, les *Débats*, etc., ont rendu compte avec éloge de cette intéressante série de biographies. 1 vol. in-16 grand colombier : Prix : **3 fr. 50**.

LE TOUR DU MONDE POLITIQUE
LA JUSTICE par Henry MARET

Ce volume, consacré pour la plus grande partie à la question Panama, jette une lumière définitive sur cette malheureuse affaire qui, depuis tant d'années, a absorbé l'attention publique. M. Henry Maret en révèle toutes les turpitudes, en expose les origines et le but, et montre derrière le rideau la main qui, tenant les marionnettes, a dirigé cette abominable campagne. L'éminent écrivain a écrit à ce propos un violent réquisitoire contre notre magistrature. Dans une conclusion magistrale, il s'élève au-dessus des événements, discute la doctrine néfaste de l'expiation et en appelle à un régime de fraternité, qui, selon lui, doit remplacer la vieille vindicte sociale et toute la défroque des lois, des jurisprudences et des codes. Jamais l'auteur n'a mis au service de ses convictions plus d'ironie amère et d'apostrophes vengeresses. Voici du reste ce qu'entre autres dit M. Ph. Gille, dans le *Figaro*.

« Malgré la philosophie dont est empreinte chacune de ses pages, voici un des livres les plus tristes, les plus navrants que je connaisse. Il a pour titre : *la Justice* et pour auteur M. Henry Maret, le député du Cher, qu'une justice aussi sourde qu'aveugle, mais malheureusement pas assez muette, avait arraché aux siens, à ses amis, à un milieu d'honnêtes gens qui est le sien, pour le torturer et finalement le rendre à la liberté en reconnaissant qu'il y avait eu erreur !

« C'est en des termes justement indignés, mais sans qu'une légitime colère vienne porter atteinte à la vérité, que M. Maret raconte, dès l'origine, les faits qui motivèrent son supplice. »

F. JUVEN et Cie, Éditeurs, 10, rue Saint-Joseph, PARIS

LA Lecture

Hebdomadaire Illustrée
Paraissant tous les Samedis.

Envoi d'un numéro spécimen contre 10 centimes

Le temps est passé des publications coûteuses et réservées à un petit nombre de lecteurs.

Aujourd'hui, il faut faire mieux qu'autrefois pour un prix beaucoup moins élevé et s'adresser au grand nombre : c'est ce que nous nous sommes proposé de faire en offrant au public *La Lecture Illustrée* hebdomadaire, qui a obtenu un succès éclatant.

La Lecture a pour collaborateurs : P. Bourget, J. Claretie, F. Coppée, A. Daudet, Gyp, H. Lavedan, J. Lemaître, P. Loti, R. Maizeroy, H. Malot, P. Margueritte, G. Ohnet, M. Prévost, J. Richepin, A. Theuriet, E. Zola, etc., et elle publie leurs œuvres les plus intéressantes parmi les plus nouvelles, en même temps qu'elle remet en valeur certaines œuvres excellentes du début d'écrivains devenus célèbres.

En ce qui concerne la forme, la seule inspection d'un spécimen en dira plus long que toute déclaration. Caractères neufs, beau papier, tirage soigné, illustration variée due aux premiers artistes, rien ne laisse à désirer. Le format, vraiment commode, permet d'emporter chaque brochure dans sa poche sans la plier si l'on ne veut pas lire chez soi, en même temps que de la réunir aux suivantes et d'en former une collection sous forme de volumes. Chaque numéro contient **80 pages**. Les lecteurs ont donc chaque année 4.200 pages environ, formant un volume tous les deux mois, soit six volumes par an de plus de **700 pages** chacun, illustrés, pour un prix des plus modiques.

Aucune publication, jusqu'à ce jour, n'a offert une quantité aussi considérable de texte pour un prix aussi minime.

Format in-8° carré

80 pages illustrées pour 25 centimes

Abonnements :

Paris		Départements		Étranger	
Un an.....	12 fr.	Un an.....	14 »	Un an.....	18 »
Six mois....	7 fr.	Six mois....	8 »	Six mois....	9 50
Trois mois...	4 fr.	Trois mois...	4 50	Trois mois...	5 »

Envoi du Catalogue complet sur demande affranchie

Imprimerie de Vaugirard, G. de Malherbe directeur, 152, rue de Vaugirard, Paris